HR从入门到精通系列

HRM

人力资源量化管理

从入门到精通

张 鹏——著

U0824641

中国法制出版社
CHINA LEGAL PUBLISHING HOUSE

前言

如今，大数据的概念已经广泛应用在各个行业和领域，数据的商业价值被逐步重视，它成了一种全新的生产要素，被企业视为无形资产和隐形财富，这种变化也给商业世界带来了新的契机，数字化转型成了企业发展的必然趋势。作为企业管理的一部分，人力资源管理也必须进行数字化变革。

如何认知大数据？如何应对大数据？如何获得大数据？……人力资源管理从业者不得不面对这一系列问题，而要想在人力资源管理活动中很好地解决这些问题，应当了解量化管理。

只有量化，才能获得数据；只有量化，才能呈现关系；只有量化，才能体现价值。

本书介绍了人力资源量化管理的具体实践，量化分析的具体工具和表单，量化呈现的具体方法，共包含十章，可以分为三个部分。

第一部分为第 1~2 章，介绍了量化管理的概念、人力资源量化管理的必要性以及如何建立量化管理的体系。

第二部分为第 3~7 章，按照人力资源管理传统的模块划分，分别详细介绍了招聘配置、绩效管理、培训发展、薪酬福利、员工关系等领域的量化管理方法。为了强调量化管理的思路，每一章的内容都是按照根本问题、量化分析、业务流程和量化指标的顺序进行排布的。

第三部分为第 8~10 章，介绍了量化管理必备的技能，如对流程的优化能力、对成本的分析能力、对数据的可视化能力等，这些技能适用于任何一个模块，是通用的能力。

本书可以帮助企业管理者把握人力资源的状态，评估人力资源管理的水平，决策人力资源管理的数字化战略；可以帮助人力资源管理者建立量化管理体系，实现人力资源管理的数据化、可视化，实现人力资源管理者自身价值的提升。

特别强调的是，人力资源量化管理成功的前提是——始终保持对人的尊重！永远不要试图用量化约束人，而应当让量化服务于人，“人”，才是量化的主人！

最后，本书能够最终成稿，离不开家人的支持。我的爱人吴丹，在人力成本部分给了我专业的指导，我的宝贝小葱，在写作中不断给我鼓励，谢谢你们！本书的思考也离不开领导、同事、朋友的启发，在此一并感谢！还要感谢黄磊老师，他发现了我并在写作上给予了很多引导！感谢每一位读者，欢迎您通过知乎联系我，一同探讨人力资源管理的相关话题。

张鹏

知乎账号：cn_christopher

目录

第一章　人力资源量化管理与思维变革

第一节 | 认识量化管理

看到“量化管理”，会不会有人认为这是在“炒冷饭”？或者认为这在人力资源管理领域行不通？改变这样的认知其实很难，就像《世界观》这本书里提到的，世界观不仅是个科学问题，还是个哲学问题。人们形成世界观的过程就像是玩拼图，试想一下，当你快要完成一幅作品的时候，有人跑来说你中间的一块拼错了，你会是什么反应？推倒重来？你可能更愿意相信对方错了！

现实中这样的例子有很多，我们不妨一起看看“电动汽车”的发展。纯电动汽车比内燃机汽车早发明了半个世纪，到 1900 年，电动汽车处于鼎盛时期，约占美国道路上所有车辆的三分之一。后来，由于成本和技术的原因，内燃机汽车得到普及，电动汽车几乎在 1935 年消失了。所以，当一些汽车制造商开始推出电动汽车的时候，传统车企都嘲笑它们在“炒冷饭”“忽悠人”。然而，世界变了。到 2021 年，中国纯电动汽车年销量已超过 200 万辆。所有人对电动汽车的观念都发生了改变。

再回到量化管理，的确，这不是一个新概念。

（一）量化管理的起源

量化管理（Quantitative Management），又称管理的数量统计法，产生在“二战”时期，并在战后开始广泛应用于商业领域，是一种以追求精确、定量、客观为目标的管理方法。

第二次世界大战期间，美国和英国军队召集了一些业务经理、政府官员和科学家管理后勤，这些来自不同领域的专家使用了一些数学和统计方法来解决问题，卓有成效地将数字化管理模式用于战争，帮助盟军提高了资源的利用效率，为盟军节约了数十亿美元的耗费，这就是量化管理的早期运用。

“二战”后，量化管理开始在商业领域应用。以桑顿上校为首领的十位后勤军官，在退役后收到了福特汽车 CEO 小亨利 · 福特的邀请，当时福特公司陷入危机，小亨利 · 福特希望他们能够推动变革。于是他们就将量化管理方法引入福特汽车，这使得福特汽车起死回生。因为他们的成就，他们成了福特汽车史上最著名的“蓝血十杰”。此后，量化管理方法被更多的国际公司引入，并逐步被总结成熟，它给整个商业社会的管理理念带来了根本性的变革。

量化管理是指以数字为基础，用数学的方法来考察和研究事物的运动状态和性能，对关键的决策点及操作流程进行统计分析，以求对事物存在和发展的规模、程度等做出精确的数字描述和科学控制，实行标准化操作的管理模式。管理科学、运营管理、管理信息系统、全面质量管理、大数据管理等理论中都体现了量化管理的思想。简单来说，量化管理就是用数字解决问题，基本思想是数字化、模块化、标准化、流程化和精细化。

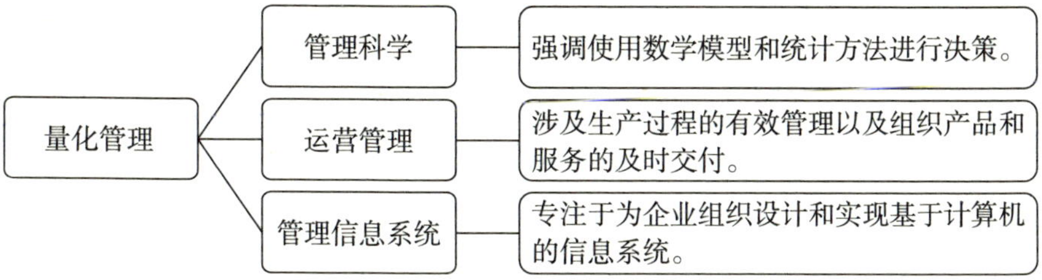

图 1–1　量化管理的分支

（二）量化管理与管理的精细化

量化，是数字化管理甚至是管理的第一步。管理大师彼得·德鲁克说："如果你无法度量它，就无法管理它。"换句话说，如果要管理一件事情，就一定要对它进行量化，毕竟经验和直觉是不准确的。如果量化不了，要么说明不够关键，没抓住要害，要么说明没想清楚。

经验和直觉是不可信的，量化管理可以让企业的认识更加客观、真实。日常生活里，我们往往凭借感觉、经验做出决策，但很不幸，感觉很多时候会不靠谱，量化管理可以让人们把握事物或者现象的数量属性，为认识事物的本质提供重要的基础。例如，图 1–2：

- 最左侧的图中，两条竖着的直线同样长吗？
- 中间的图中，中心的两个圆大小一样吗？
- 最右侧的图中，几条竖线是分别平行的吗？

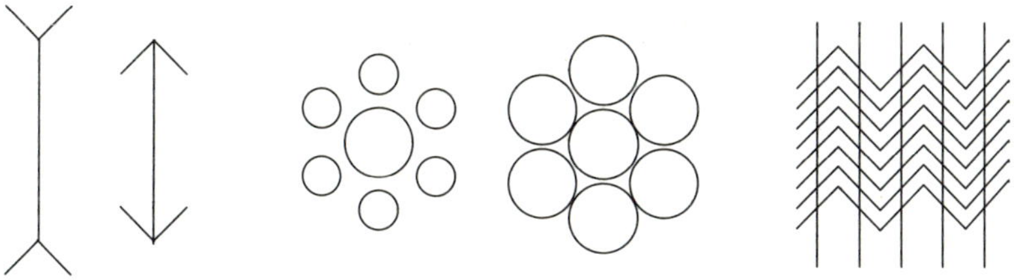

图 1–2　错觉

答案都是肯定的，不信，你可以找个直尺测量一下。这只是最简单的几幅引起视觉错觉的图片，更不要说复杂的事情了。所以，量化是帮助企业客观认识世界的有效途径。

基于计算机辅助技术，量化管理可以让企业的决策更加科学、高效。当前，在任何组织中，无论是制造业、服务业还是金融业，管理人员都在使用定量技术和分析，科学地做出决策。在量化投资领域甚至有这样一句话：投资的核心在于管理，管理的核心在于决策，决策的核心在于数据。

量化管理在体育界早就有所应用：篮球运动中会分析球员的篮板数据和助攻数据，足球运动中会分析球员的控球时间和射门次数。在电影《夺冠》中有这么一个镜头，2016 年奥运会的时候，中国队打巴西队，中国队丢掉了第一局，就在第二局开打时，郎平问："数据出来了吗？"就一局比赛时间，中国队通过计算机分析出了对方的球路、偏好和弱点，为中国队的反击提供了巨大的帮助。

借助计算机进行数据分析，辅助完成大量的数据整理与计算工作，不仅实现了数学建模、模拟运算的科学性，还解决了以往手工计算的种种不便，大大节省了时间，提高了工作效率。

定性的目标是难以落实的，量化可以让企业的经营更加标准、规范。量化管理强调任务目标的标准化、细致化和具体化，增加了管理的可操作性，强化了管理手段。所以，量化管理是一整套把企业建成"百年老店"的"基本法"，它是企业从小到大、稳定发展的必由之路。

如果只是把目标定性，如"提高客户的满意度"或者"掌握某种知识"，就很难判断目标的完成情况。使用数字，企业就能很好地掌握现状与目标的差距，从而制订具体的计划。用量化的语言定义目标，为高层管理人员达成共识提供了一个强有力的工具。比如说，"提升组织能力"这样的目标，就达不到共享的效果，因为定性的表述不够标准，人们对"提升"的理解、对"组织能力"的理解不统一。如果修改为"利润提升 10%"这个描述就更清晰。

通过规范化的定义、标准化的流程、精细化的管理和信息化的技术，企业就能够形成知识经验的沉淀和积累，实现持续稳定的发展。

第二节 | 人力资源量化管理与行业趋势

目前，随着大数据技术的应用，越来越多的人力资源从业者认识到，人力资源的数字化转型将是行业发展的趋势。可是，当我们高喊数据思维的时候，往往仍在凭感觉和经验做决策。人力资源管理者对量化管理仍然比较排斥。原因自然是自身的认知，有的认为人力资源价值“不可估量”，还有的以避免“唯量化主义”为由拒绝。

先看“不可估量”，不可估量的价值听上去很玄幻，其实也是人力资源管理的软肋。人力资源的管理之道，研究或实践的路线虽各不相同，但主要有两条：偏重组织或偏重人。偏重组织的倾向于研究战略、结构和系统；偏重人的则倾向于研究价值观、文化和行为。与此呼应，前者强调“硬”管理，主张指标定量或量化，实行量化管理；后者则更强调“软”管理，主张以人为本，实行人性化管理。但无论哪条路线，人力资源管理者都要回答一个问题：管理的最终目标是什么？

人力资源管理者要完成自己的最终目标，显然要把目标传递下去、执行下去、落实下去，因此，这个目标需要足够清晰。什么叫清晰？能量化的才叫清晰。所以，偏重组织也好，偏重人也罢，要想实现最终目标，人力资源管理都必须量化。

至于“唯量化主义”，是指在量化管理的过程中，由于应用者的认知差异，存在为了量化而量化、不能量化也要量化的情况，造成了量化管理的泛化，引起了人们的反感，使得量化管理走向反面。

特别是在人力资源管理领域，人是有主观能动性的，会对量化活动做出利己的反应。这一点可以参考经济学领域的古德哈特定律，它指出“若一个经济学的特性被用作经济指标，那这项指标最终一定会失去其功能，因为人们会开始玩弄这项指标”。例如，有企业把代码行数作为程序员的绩效指标，结果出现了大量的拷贝复制及不合理的设计，产生了大量冗余的代码，不但难以理解和维护，甚至根本无法运行。这不仅造成了大量的浪费，也造成了软件质量的恶化。

索尼公司前常务董事土井利忠在《绩效主义毁了索尼》一文中控诉绩效管理的时候也提到了量化管理，他说“为了衡量业绩，首先必须把各种工作要素量化。但是工作是无法简单量化的。公司为统计业绩，花费了大量的精力和时间，而在真正的工作上却敷衍了事，出现了本末倒置的倾向”。

但这是量化的错吗？事物都有两面性，量化管理也是一把“双刃剑”。

人们总是倾向于关注容易量化的元素，而忽略难以量化的元素。容易量化的不一定是重要的，难以量化的反而可能是重要的。量化具有极强的牵引性，它会激励你重视并改善能够量化的元素，但也可能使你忽视无法量化的元素并使之恶化。面对争议，我们不应该说量化管理没有用或者说量化管理有害，更不应该拒绝量化管理，而是要考虑如何做才可以让量化管理更加有效，因为量化管理是人力资源管理的职责所在、价值所需和趋势使然。

（一）职责所在

作为战略组织管理的领导者，管理者关心的人才问题，不是今天发了多少条招聘信息、入职了多少名员工等流水账，他关心的是人力资源战略是否匹配、如何落实以及是否有效。企业期望自己的人力资源管理政策和实践能够吸引、招聘、激励、保留住合适的员工，但是，随着人力资源管理的投入不断增加，企业产生了一些困惑：人力资源管理政策、活动及资金投入是否产生了合理的回报？是否达到了预期效果？这就需要对组织的人力资源管理活动进行科学研究和论证，以可靠的事实和数据验证人力资源管理的有效性。

彼得·德鲁克在《管理的实践》一书中特别用一个章节讨论人事管理是否已告彻底失败，他说人事管理拥有的资产很庞大——人际关系和科学管理理论的基本见解都很可贵，如今这些资产都被冻结了。这是德鲁克在20世纪50年代的论著，如今看来，这个问题似乎并没有太大改观。人力资源管理最无可争议的价值仍然局限在对“参停保”和劳动合同签订等基础性事务的高效处理上，除此之外的部分，价值都难以自证，只能依靠别人的评价。

在2021年美国人才发展协会组织的年会上，有位专家分享的《如果我们执行实证领导力发展，会如何？》有类似的见解，他提到了一个词，叫作“循证”。这是个产生于医学领域的概念，其核心思想是不要依赖以往的经验，也不要迷信书上的教条，而要根据临床证据，广泛采集证据进行系统分析，以提高医疗效果。

如今，人力资源管理也需要循证，特别是需要企业更多投入的时候。作为人力资源管理者，我们不得不去厘清事情的原因和结果之间的关系。我们要面对的问题包括：

- 人力资源管理活动究竟在多大程度上是有效的？
- 人力资源管理方面的支出与其他竞争者相比水平如何？
- 如何通过改进人力资源管理实践来提高整个公司的运营效率？

这时，我们需要使用循证式的思维模式和方法，要基于证据，而不是凭借模糊的设想或感觉做出决策。我们需要运用数据、事实、分析方法、科学手段、有针对性的评价及准确的案例研究，通过量化管理为人力资源管理方面的建议、决策、实践以及结论提供支持。

（二）价值所需

面对“人力资源管理的价值是什么”这种常年伴随人力资源行业的疑难杂症，我们总是很头疼。例如，人力资源部说组织结构调整可以实现敏捷化，实现对客户需求的快速响应。你信吗？例如，人力资源部说开展培训可以树立品牌形象，提高销售量。你信吗？例如，人力资源部说增加及时激励可以提高士气，促进绩效提升。你信吗？

不论你是不是人力资源部的人，只要逻辑清晰，人力资源部说的这些事儿，你不会不信，问题是你不一定愿意采纳，因为人力资源部没有办法证明成果有多少是跟自己有关的。对客户需求的响应速度提升了，不是新系统带来的吗？销售量提升了，不是产品本身带来的吗？绩效提升了，不是市场行情变好带来的吗？人力资源部说不清楚自己能在这些业务成绩中占有多大的贡献比例。

不被采纳其实也没什么，问题是有些时候，人力资源部还常常被埋怨。例如，一般情况下，招聘需求都是业务部门向人力资源部提出的，人力资源部对需求进行审核，然后再启动招聘。这就存在需求提出到人员到岗的时间差，这个时候人力资源部就经常被业务部门抱怨。再有，人员保留的紧急处理、劳动关系紧急事件、绩效不达标带来的培训需求等，人力资源部往往处在被动接收需求的位置。

怎么办？只有从数据角度出发，转变思维，变被动为主动，通过量化管理提升人力资源效能，去体现人力资源部门的价值。例如，同样是招聘工作，在量化管理的场景下，人力资源部可以实时了解每个人的工作量，具体到每个人的工作时间管理，以此判断是否需要启动招聘以及招聘的规模、对招聘候选人的要求等，这些都可以通过数据分析得出结论。

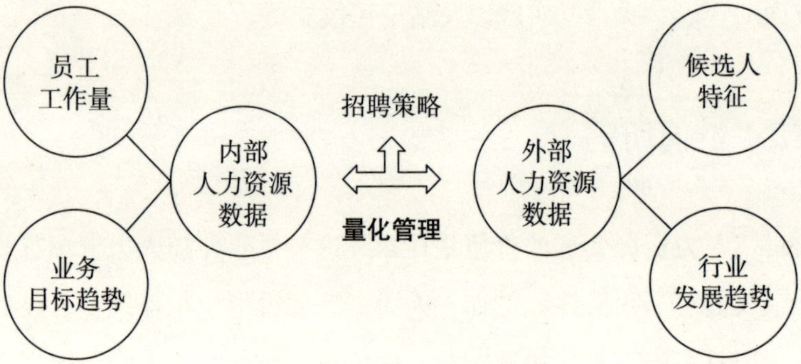

图 1-3 主动的招聘策略

（三）趋势使然

2016年，德勤在《全球人力资本趋势报告》中就曾指出，人力资源领域即将迎来数字化转型，这将是一场革命而非缓慢演化。这场变革具体包含两个含义：一个是人力资源的数字化，一个是数字化的人力资源。

所谓人力资源的数字化，是从管理端的角度描述的，是指以员工与企业交互的一切行为数据为基础，运用模型和算法画出员工画像，为每一位员工做精准标签，并以此为依据制定个性化的人才发展和解决方案的管理方法。能够使用数据进行量化管理将成为人力资源从业者必须掌握的技能。

华为对人力资源部门的员工招聘，有一个特殊的核心技能要求，就是必须懂数据。华为“人力资源专家（组织管理）”岗位的任职要求中，明确要求“良好的逻辑思考及解决方案设计能力，较强的数据处理分析及建模能力”。

各大招聘网站里，“人力资源数据分析师”现在也成了新兴热门岗位，有些企业在该岗位的年薪远高于传统人力资源管理人员，甚至高于常规的数据分析师。以广州小鹏汽车科技有限公司为例，人力资源数据分析师的月薪较高，负责人力资源信息系统人事基础信息核查、数据统计分析，在人力资源信息系统和数据管理方面提供支持，要求“对数据敏感，具备高度细节关注力，能从数据中发现规律和问题”。

所谓数字化的人力资源，是从业务端的角度描述的，是指将人力资源流程数字化、为员工提供易于使用的移动应用，并创建一个更加以服务为导向的人力资源管理机制。人力资源领域的数字工具应用越来越广泛，包括人工智能、认知交互、高级分析、情感分析和虚拟场景等。

软件开发商正加紧在这一领域的投入，工具的爆炸式增长几乎涵盖了所有我们能想象到的人力资源领域，例如人才盘点的工具；简历筛选的工具；交互学习的工具；虚拟的问答机器人；等等。

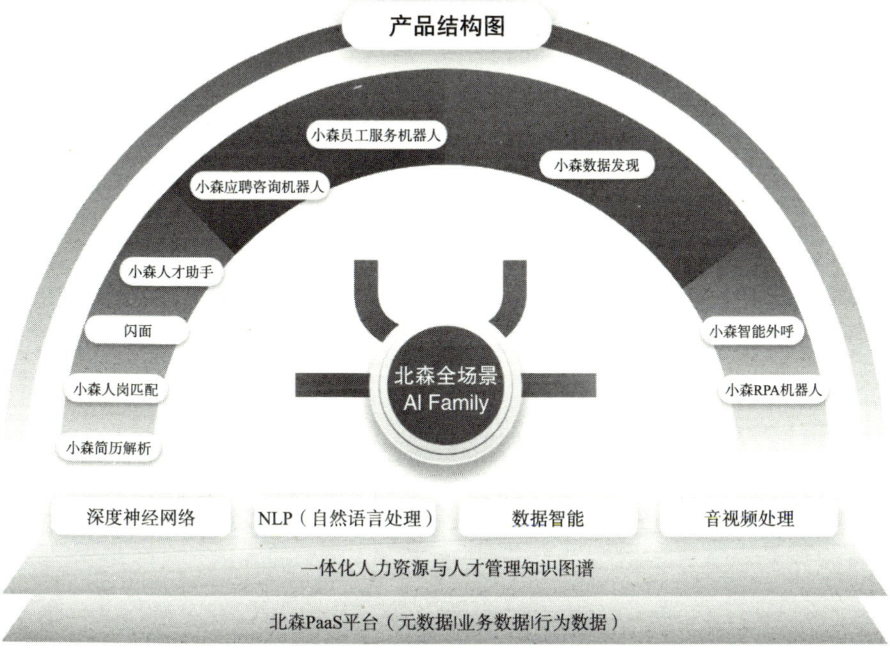

图 1-4　北森 AI 产品图谱

这些数字化工具的应用将加快人力资源领域工作模式的重塑。许多公司已经开始将机器人流程自动化，甚至将人工智能应用在传统的人力资源活动中。虚拟现实、机器学习和社交协作的引入将给人力资源管理带来颠覆性的变革，人力资源管理者必须具备量化管理的思维，理解这些软件、工具背后的设计逻辑和数据关系，才能驾驭好这些系统、软件和工具，才能提升企业的人力资源效能。

量化管理，是数字化浪潮下的文艺复兴！

第二章 人力资源量化管理的体系

第一节 | 量化管理的体系

量化管理是一个系统化、体系化的方法，在进行量化管理之前，先来看几个重要的概念：数据、指标、信息、量化和根本问题。它们之间含义不同，但又彼此关联。每一个都建立在另一个的基础之上。“根本问题”的解决是“量化”的初衷，而“量化”是通过“信息”和对信息的分析实现的，“信息”是通过“指标”传递的，而“指标”又是由“数据”组成的。

- 数据是最简单的信息形式，通常表示为数字或常量值。孤立地看某个数据，因为没有与任何有意义的信息关联，数据本身并没什么价值。
- 指标将真正有关系的数据分组并添加上下文，使数据的含义更清晰。
- 信息对指标和数据进行分组，赋予它们明确的含义。
- 量化做完整描述，全面解答根本问题。除了数据、指标和信息，量化分析还包括文字说明。
- 根本问题是透过问题表面所发现的，隐藏着的核心问题。解决根本问题是量化管理的最终目的。所以，根本问题决定了量化管理的方向。

举个例子，我们需要“选择一个招聘渠道”。这是个需求，但还不是根本问题，或许应该换个说法：“哪个招聘渠道更好？”于是，我们需要去量化管理，分析不同的招聘渠道之间的人均招聘成本，还要考虑不同渠道的平均到岗时间，综合各种维度来支持决策。那么，我们需要收集关于这些指标的信息，如渠道 1 的人均招聘成本是 1000 元，渠道 2 的人均招聘成本是 800 元，这就是两条信息。其中 1000 元和 800 元就是指标值，而要获得指标值，有时需要计算。例如，人均招聘成本的计算需要用到该渠道的招聘总人数和招聘总成本，那么这个人数和成本就是数据。

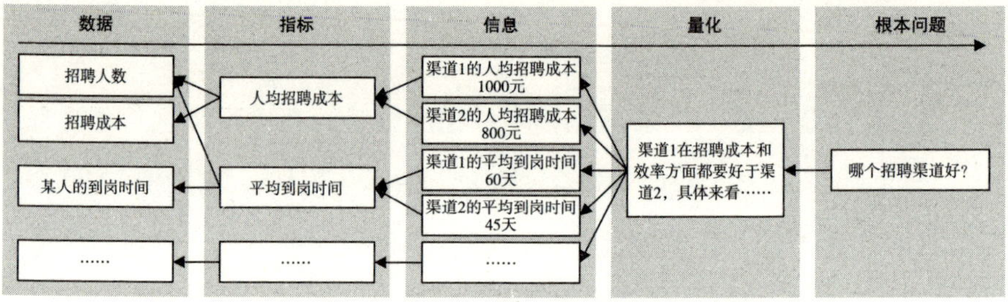

图 2-1　数据、指标、信息、量化和根本问题的关系

量化管理的过程，可以是两个方向，一个是通过根本问题的澄清，确定量化分析的维度，然后确定应获取的信息并设立指标目标，进而实施数据收集。一个是通过数据的收集，从而计算指标，进而获得信息并进行量化分析，以此发现并解决根本问题。

先确定根本问题然后再收集数据的方法是使用抽样数据的量化管理。这种方法的代表就是 6σ（六西格玛），它的基本逻辑就是通过抽样数据来评估全样本数据，通过数据分组、抽样来测量数据，通过找到因果关系确定解决方案。

先收集数据然后再确定根本问题的方法是使用全面数据的量化管理。这种方法的代表就是大数据，它也是统计学方法，但是收集的是全面数据，通过发现各数据之间的相关关系来找到解决方案。

当然，不论是哪一种量化管理的方法，收集的数据都要准确，也都要分析推理出背后的逻辑关系。所以，一个完善的量化管理体系，应该包括问题定义、量化分析、信息处理、指标管理和数据治理五个部分。

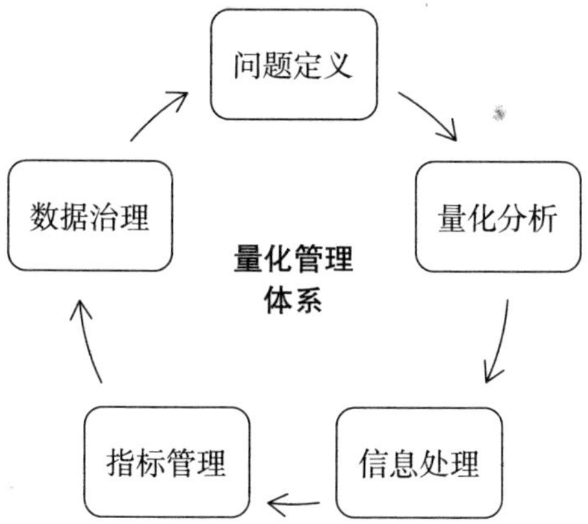

图 2-2　量化管理体系的构成

（一）问题定义

问题定义是指在采取量化管理前，必须首先明确根本问题，理解背后真正的需求。例如，在面对人员流失的时候，有的人可能会直接把问题定义为“如何保留核心人才”？但这并不是一个根本问题，因为这个问题背后还有一些内容没有想清楚，比如，什么是核心人才？流失率达到多少算是理想的水平？为什么担心人员流失，真正担心的是什么？

需求和问题可以是主动提出的，也可以是通过数据收集发现的。只有围绕根本问题进行量化管理才能避免它的泛化。

问题定义体系包括问题提出和问题检查两个环节，在问题提出环节，通过“五个为什么”“头脑风暴”等方法深入挖掘真实的需求和问题；在问题检查环节，则是对量化分析的必要性进行检查，有时候，找到的根本问题可能不需要量化管理，可以直接解决掉。

（二）量化分析

量化分析是指以解决根本问题为方向，对获取的数据、指标和信息进行综合分析的过程。包括量化规划和量化分析两个部分。

量化规划是在确定实施量化管理的前提下，对后续管理工作的筹划，主要内容包括：

- 目的澄清：对量化分析的目的，也就是对根本问题进行确认，用以统一参与人员的目标。
- 关于数据如何使用的说明：说明量化分析过程中获得的数据会被用在什么地方，如为了评估员工的能力水平，你会获得所有人的能力评估数据，这个数据会被用来评估吗？会被公开吗？这类问题很重要，要获取参与者对量化的信任。
- 关于不会使用数据的说明：看上去这个问题跟前面内容类似，但需要在开展量化管理时单独明确。谁提供数据，谁才有权公开数据。你需要按照数据提供者的意愿处理数据，消除他们的顾虑。
- 量化分析报告的目标客户：客户导向是量化分析成功的保障，一般而言，除了向管理者汇报之外，量化分析报告的客户还包括所有的数据提供者。就像我们参加一些调研的时候，总是希望能获得调研结果的反馈。
- 量化分析的日程：要有计划地收集数据、指标和信息，如有些数据具有时效性，什么时候采集就非常重要。另外，不同的信息需要采取不同的收集渠道，可能有个先后顺序，想要尽快获得完整信息，就需要对不同的启动时间进行设定。

量化分析是在收集到数据、指标和信息后，运用算法、建模等分析工具进行综合分析的过程。

（三）信息处理

信息处理是指对信息进行接收、存储、转换、传送和发布的活动，它可以将数据和指标转换成有用的信息。从信息的视角来看，企业本身就是由信息构成的，同时也不断地生产和提供大量信息。另外，企业的生产、经营和决策也需要大量的外部信息。在量化分析过程中，企业需要对内部和外部的信息进行组织、整合、管理、挖掘和利用。企业信息处理能力的提升，取决于渠道、处理、传递和应用。

渠道是信息的源头，企业要具备多渠道获取信息的能力，避免依靠单一信源获取信息，这样可以通过相互印证的方式提高信息的准确性。为了使信息收集渠道广泛，应当确保信息收集的方式多样、运作顺畅、维护周全。

处理过的信息才能体现管理的思想。处理是指在原有信息的基础上进行加工整理、演绎或浓缩。例如，大数据能够记录用户买了某个品牌的牙膏，却无从发现做出这个选择的原因是一起购物的小孩看上了赠送的小玩具。也就是说，仅仅收集大量数据而不进行处理，那么这种信息的作用也是有限的。信息处理，就是要反映真实的内容、精简的内容、整合的内容。

传递是指将处理后的信息传递出去，使信息流通起来，应当避免信息的衰减。通过多种途径把信息传递给信息使用者的过程就是信息传递。为了提高信息处理能力，企业应建立统一的信息检索规范，通过授权体系降低信息传递的难度，同时根据保密制度明确传递的范围。

应用是指将信息作为资源，不断利用的过程。这一过程需要提高信息的存储、沉淀、索取、更新效率，既要关注信息的时效性，也要关注信息的长效性。

（四）指标管理

指标管理是将数据与业务相结合，对收集到的数据赋予意义的过程。由于数据有不同的单位、不同的名称，需要通过指标管理使数据标准化、规范化和共享化。量化的指标体系可以为管理指明方向，综合来看，这些指标可以分为三类，分别是描述型指标、分析型指标和引领型指标。

图 2-3　指标管理

描述型指标是对工作过程的描述，并不关注任务的水平，只是关注工作的过程和结果。例如，在招聘配置领域，招聘成本、招聘来源、职位空缺的申请人数、招聘时间等都是描述型指标。这些指标只是代表工作成绩本身，但你无法通过这样的指标判断业务的水平。

分析型指标是对多个数据源进行整合或者运算后得到的指标。这些指标仍然是一个现状的呈现，如每个渠道每个候选人的成本、招聘渠道转换、节省的资金量等都是分析型指标。

引领型指标都是预测性的，能够对战略和决策给出直接建议。这类指标可以对发展的趋势做出预测，起到预警、决策等作用。例如，人员能力模型、离职预测模型、理想的人才画像、预测招聘时间以及优化招聘渠道等。

描述型指标和分析型指标同属于滞后性指标。滞后性指标是因为在你获得它的数据之时，所有事情都已经发生，所以这些指标就总是滞后的。引领型指标就不一样了，它们可以预告结果。引领型指标有两个显著特征。第一，引领型指标具有预见性，这意味着一旦某个引领型指标发生变化，你就可以根据这个推断出滞后性指标之后会有怎样的变化。第二，引领型指标是可控的，它可以被后续的行动所影响，这意味着，企业可以调整业务促使引领型指标发生变化。

（五）数据治理

数据治理是企业针对内部数据制定的有关数据管理、数据保护、数据应用的政策，往往包括数据战略、数据标准、数据质量和数据安全等内容。

数据战略是对企业数据管理的顶层设计，是对量化管理过程中所有数据的系统管理。

数据标准是对分散的数据建立统一的数据命名、数据定义、数据类型、赋值规则等的基准，并通过标准评估确保数据在复杂的环境中维持数据的一致性、规范性，从源头确保数据的正确性及质量，并可以提升开发和数据管理的一贯性和效率性。

数据质量是指为全面提升数据的完整性、准确性、及时性、一致性以及合法性，企业实施的数据质量监督、检查和改善机制。通过提升数据质量，不断降低数据管理成本，减少因数据不可靠导致的决策偏差和损失。

数据安全是指企业针对数据采取的安全管理措施，通过数据加密、脱敏、删除识别信息等方式确保数据安全，使数据在内外部进行恰当的使用。

第二节 | 人力资源量化管理的体系

作为量化管理体系的一个领域，人力资源的量化管理同样要以根本问题的解决为目的。所以，人力资源管理者在实施量化管理的时候，首先思考的必须是管理的任务，然后才是量化分析的方法、信息传递的流程、量化管理的指标以及数据的收集。

（一）人力资源管理的任务

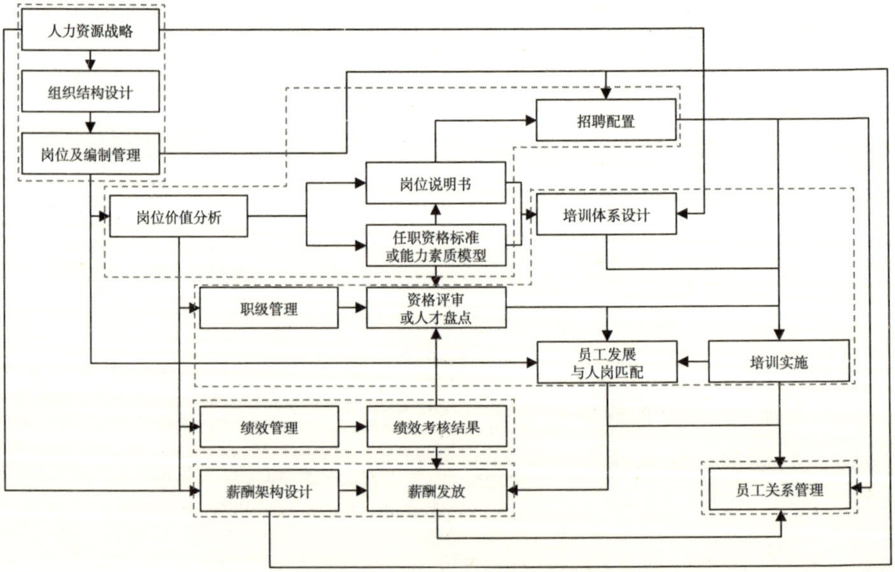

图 2-4　人力资源管理的任务

按照传统的人力资源管理工作划分方法，人力资源管理分为“六大模块”，分别是人力资源规划、招聘配置、培训发展、绩效管理、薪酬福利和员工关系。

- 人力资源规划是根据人力资源战略和组织结构，确定岗位及编制的活动，是企业为了实现发展目标，对人力资源的需求和供给进行预测，并努力使之平衡的过程。规划的目的是明确目标、厘清现状、制订方针政策和行动计划。
- 招聘配置是根据人力资源规划和岗位价值、岗位说明书等内容，科学合理地吸引、甄选和录用人才，并在合适的时间将合适的人配置到合适的岗位上，安排其进行合适的工作任务的活动。
- 培训发展是根据战略及绩效要求，通过学习和发展活动，使员工具备达成战略目标和绩效目标的能力的活动。培训发展能够激发员工的潜能，使人力资源变为人力资本，持续为企业创造价值。
- 绩效管理是以目标为基准，针对发现的绩效偏差，对部门或员工采取干预措施，促进工作结果、行为表现、工作态度以及综合素质的改善，从而实现企业战略目标的活动。
- 薪酬福利是基于岗位价值、员工绩效、员工能力和市场情况，对员工创造的价值予以回报和认可，以此留用和激励员工的活动。
- 员工关系是以法律为基础，以构建和谐劳动关系为目标，体现企业文化和核心价值观的各项活动。

之后，人力资源管理大师戴维·尤里奇提出了“三驾马车”和“四种角色”的概念，建议将企业的人力资源部门分为三个部分，即专家中心（Committee of Excpert，COE）、共享服务中心（Share Service Center，SSC）和人力资源业务伙伴（HR Business Partner，HRBP）；赋予了人力资源管理者四种新的角色，即战略伙伴、效率专家、变革先锋和员工后盾。

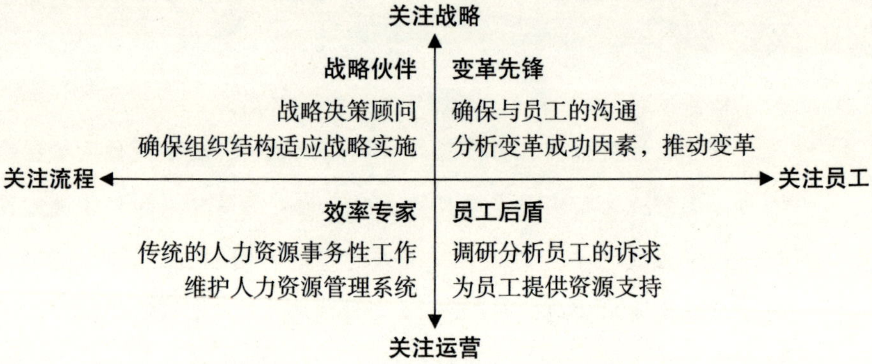

图 2–5　人力资源管理的四种角色模型

- 战略伙伴。人力资源管理者要成为战略落地过程中的合作伙伴，将业务部门的战略转化为人力资源管理的具体工作，确保组织结构、人员准备适应战略需求。
- 效率专家。人力资源管理者既要通过不断改进、优化服务流程，保证服务质量，降低运营成本，提升人力资源的流程效率，也要提升直线经理的人力资源管理水平，从而提升业务部门的人力资源管理效率。
- 变革先锋。人力资源管理者应该成为持续变革的推动者。变革涉及文化导向调整、建立高效能的团队、缩短创新周期、应用新技术等项目。人力资源管理者要通过流程重组和文化再造来增强公司的变革能力。
- 员工后盾。人力资源管理者应该理解员工的需求并促进这些需求的满足，推动员工与企业之间的心理契约，以此激励员工做出更大的贡献。

通过比较可以发现，不论是四种角色还是六大模块，人力资源管理者的任务始终围绕着“如何通过对人的管理，为企业创造价值”展开。企业人力资源管理关注的是从员工招聘到岗直至离职的整个“员工周期”，具体包括：

- 如何招聘到合适的员工？
- 如何确保人岗匹配？
- 如何发掘人才以及发展人才？
- 如何激发员工的活力和潜能？
- 如何保留人才或者促进流动？
- 如何更高效地达成上述目标？

人力资源的量化管理就需要围绕这些角色和任务展开。人力资源管理者需要量化那些能够回答人力资源管理根本问题的事项，也就是那些能够反映人力资源现状的信息、指标，那些能够反映人力资源趋势的信息、指标，那些能够反映人力资源管理效率的信息、指标。

（二）人力资源量化管理的双重特征

曾经有一家企业的班组管理人员到另一家企业去学习，在现场，他们看到对方的管理表格、看板指标与自家企业并无大的差异，但是他们感受到对方员工的工作热情很高。他们很困惑，在问答环节问了许多问题以探索背后的原因。直到有个人问道：“请问贵公司班组看板的目标是谁下发的？”

“下发？不不不，我们班组的目标是员工自己确定的。”对方回道。

他们恍然大悟：“我们的班组目标都是人力资源部给下发的，他们根本就不了解现场，可是他们却给我们下指标和目标！”这成了他们此次学习最大的感悟。

如果用员工不认可的指标和目标考核员工，这样的量化会造成负累。

如果员工自主制定指标和目标并正向激励，这样的量化会带来动力。

前者类似于 KPI（Key Performance Indicator）考核，后者类似于 OKR（Objectives & Key Results）管理。区别在于，谁制定了目标以及目标结果会如何应用。这种区别之所以会带来截然相反的效果，是因为人力资源工作具有人和事交织的双重特征，这也是人力资源量化管理区别于其他领域的显著特征。在人力资源量化管理体系的建设中，人力资源管理者需要考虑人的量化和事的量化两个方面。

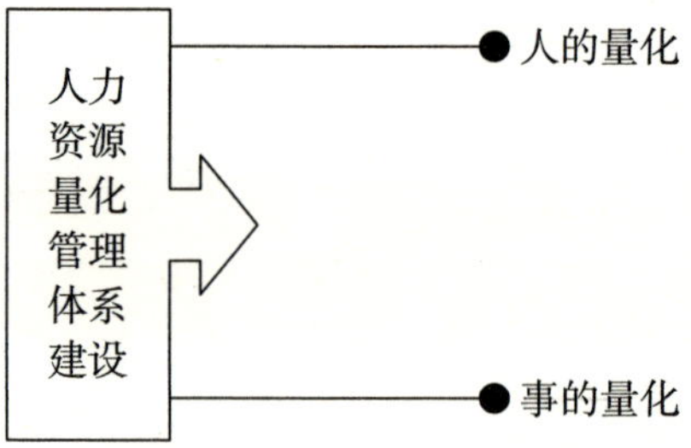

图 2-6　人力资源量化管理体系建设的两个方面

关于人的量化，不要把指标考核作为量化管理的归宿。人的量化是为了“适才适岗、人岗匹配、人尽其才”。为了实现这个目的，要以岗位的需求为标准，以业务的发展为方向。人力资源管理者要能够梳理出岗位和业务对合适人才的要求，包括但不限于知识、技能、能力、性格、价值观等多个方面。标准清楚之后，人力资源管理者还要设计人岗匹配、人才评价的方法，要能够把合适的人选择出来。

相较于标准而言，人才评价的方式更为复杂，因为员工会基于评价结果的应用做出有利于自身的选择，这其中包含了心理因素以及社会关系因素等。

以360度评估为例，企业经常在领导干部考核时进行这种评价，这样的评价往往难以获得真实结果。员工会对评价过程有顾虑，担心个人的评价过程被公开，给自己带来不必要的麻烦。员工对评价结果也不感兴趣，因为即便考核不理想，也只是体现在领导干部的绩效结果上，并不会对领导行为有多大影响。这样的人才评价结果和数据未必真实，自然难以实现适才适岗。

类似的例子还有许多，如公开选拔、能力测评等，如果不对实施的过程做出缜密的策划，不去考虑人的因素，“选拔”就可能变成“选秀”，这样的量化结果必然不能解决问题。人力资源管理者要通过对量化体系的设计将这些因素的影响降到最低，要有制度机制的保障，功夫要下在平时，才能保证评价的真实性和可靠性。

关于事的量化，既要分析结果也要分析流程效率。人力资源管理者在对工作的量化方面往往关注了业务领域的产出，反倒容易忽视自身流程效率的提升。比如，人力资源管理从“六模块”向“三支柱”转型之后，看上去业务伙伴的角色更贴近一线，但是人力资源内部的效率则因为流程不清、相互扯皮而受到拖累。

量化人力资源管理的效率，人力资源管理者要以价值为中心，以客户（企业或者员工，并非人力资源内部客户）服务为宗旨，定义流程的目标和环节，通过量化分析找到优化方案并落实，持续简化工作流程。

第三章　招聘配置的量化

第一节 | 招聘配置要解决的核心问题

说到招聘，你会想到什么？如果你是一名资深的招聘人士，诸如招聘渠道、雇主品牌、价值主张、背景调查之类的专业词汇估计会呼之欲出吧？！你一定能把招聘中的各种吐血经历、搞笑段子娓娓道来，别人笑得前仰后合之际，你再轻描淡写地来一句，“哎，谁让我是‘招聘狗’呢？！”

如果你是做招聘外包或者猎头的乙方，这无可厚非，毕竟为了从甲方那里挣到钱，怎么都要面带微笑。可如果你是企业的人力资源管理者，还有这种苦恼，就要引起警觉了。你的工作可不是为了讲个自嘲的段子。或者你会说，你是为了服务公司战略和业务部门，承担了艰巨的招聘任务，这听上去很好，但是招聘工作并不是把人招到这么简单！

招聘配置的核心使命是什么？对企业来说，并不关心人从哪里来，来多少，企业真正关心的是，在业务需要的时候有足够的人手，业务不会因为人手不足而受影响，企业也不会因为人员冗余而浪费成本。所以，招聘配置实际上是一个面向未来的工作，要在需要的时间按照需要的数量提供需要的人员。如果你了解生产管理，前面这句话你一定很熟悉，这不就是丰田生产方式里的准时化生产（Just In Time，JIT）嘛！的确，这就是JIT，招聘配置的核心使命就是“人才JIT”，就是“高效地让合适的人才在需要的时间上岗”。

JIT，这一源于丰田生产方式（Toyota Production System，TPS）的思想，是指将“正确的物品”按“正确的数量”在“正确的时间”进行供应的准时化生产。例如，为了有效地生产大量汽车，其中包括约30000个零件，有必要制订包括零件采购等在内的详细生产计划。根据该生产计划在“需要的时间”按照“需要的数量”提供“需要的零件”，以此满足消除浪费、不一致性和不合理的要求，从而提高生产效率。JIT可以较好地适应多品种、小批量、交货急的情形。

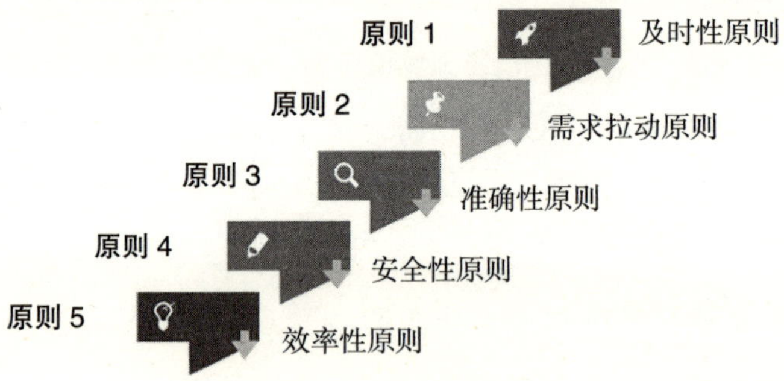

图 3–1 JIT 的五项原则

为了实现JIT，企业需要遵循以下原则：

◆ 及时性原则。该原则是指在生产需要的时候，能够及时获得需要的物料。这是最基本的原则，它追求小批量、高速率和零库存。

◆ 需求拉动原则。该原则是指只有在生产需要的时候才提供物料，不需要的时候不提供物料，被称为拉动式管理。

◆ 准确性原则。该原则是指生产过程中的准确性，包括库存的准确、需求的准确、数量的准确、品种的准确等。

◆ 安全性原则。该原则是指JIT的实施需要系统的体系支撑，需要供应商管理、质量管理等确保生产需求产生时能够及时满足。

◆ 效率性原则。该原则是指通过系统的资源配置，实现以需定产，准时化配送，保证准时化生产，从而消除人员冗余、设备空闲、重复运输等各种形式的浪费，降低成本、提高效率。

招聘配置，解决的是“人”的供应问题，同样适用 JIT 理论，依据这一思想来不断优化便可以提高招聘配置的工作效率，实现高效地让合适的人群在需要的时间上岗。这一使命可以分为三个维度，即合适的人才、必要的数量、恰当的时间。

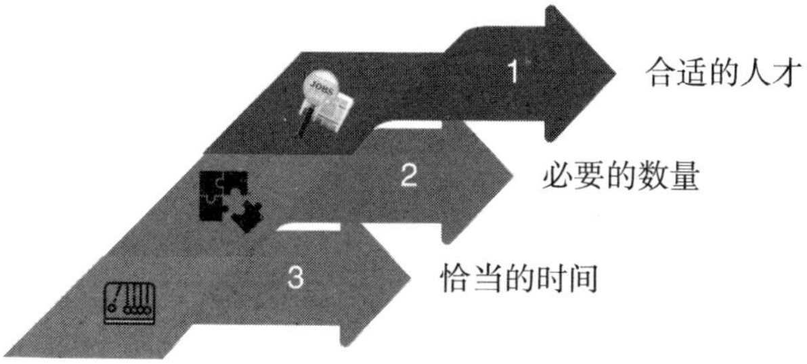

图 3-2 招聘配置 JIT 的三个维度

首先是合适的人才。

招聘工作可不是从大街上随便拉个人过来就可以交差的，招的人要符合业务的需求，称为合适的人才。为了招聘到合适的人才，需要招聘配置管理者准确把握招聘需求的同时准确评估候选人的能力水平。

招聘需求分析是必不可少的。需求分析是招聘配置管理者做好工作的基础，是招聘工作有的放矢、事半功倍的保证，总体围绕两个问题展开：一是候选人来了做什么？这是企业的需求。二是公司能为候选人提供什么？这是候选人的需求。

候选人评估是判断企业需求与候选人需求是否匹配的过程，只有两个需求完美匹配的候选人才是企业要找的合适的人才。这也是招聘配置管理者常说“人才不是越优秀越好，而是越合适越好”的原因。对于候选人的评价有一套系统的测评方法和技术，根据不同的岗位可以选择最优的测评方案。

一个合适的人才可以给企业带来更多的投资回报率，提高候选人与企业需求的“合适”水平，有助于员工的长期留用，也就延长了员工在企业就职期间内的绩效产出时间，因此为企业带来更高的收益。

一个合适的人才还可以降低企业的成本。招聘配置是需要成本的，这个成本不仅包含招聘活动的花费，还包含候选人到岗后胜任前的这部分花费。在一个员工的就职周期中，从入职到实现绩效产出是有一段时间的，提高员工的“合适”水平，就可以实现候选人入职后立即产生绩效产出，以此实现招聘成本的最小化。

其次是必要的数量。

招聘配置领域里另一个常常困扰招聘配置管理者的是招聘数量或者称为招聘规模的问题。招聘配置管理者需要讨论数量的场景包括：

- 公司制订了上市计划，要求在年底扩充 200 人。
- 制造部门要赶生产，要求在月底前招聘 100 名操作工。
- 销售部门以达成销售目标为理由，要求尽快招聘 50 名卖场销售员。
- 人力资源部自己希望做人才储备，要在校园招聘季招聘 200 人。

这样的数量合理吗？许多情况下，招聘配置管理者是不会自己做决定的，而会把这样的问题提交到公司的决策会议，然后静静地看领导们发挥。有些部门的领导非常强势，他可能只需要 1 个人，但他能争取到 10 个名额；有些部门的领导处于弱势，他可能需要 10 个人，但他 1 个名额也拿不到。决策者没有数据支持，如果缺少对具体业务的了解，那就只能看各自的表演，也因此，人力资源部的专业性会受到质疑。

招聘配置管理者应当对各个业务的工作量和人员配额有准确的判断。一说到招聘规模的时候，招聘配置管理者常常想到的是控制冗员，的确，冗员对于企业的影响是不言而喻的，但一个冗员都没有的做法并不正确。

例如JIT方法中，“零库存”是一种特殊的库存概念，其对工业企业和商业企业来讲是个重要的分类概念，并不是指以仓库储存形式的某种或某些物品的储存数量真正为零，而是通过实施特定的库存控制策略，实现库存量的最小化。

招聘配置管理者在招聘规模控制过程中容易忽略、需要重点关注的事项是缺编对企业带来的潜在风险。在业务发展阶段，讨论控制规模是不容易的事情，但在业务萎缩阶段，降本增效是战略要求的时候，讨论补充编制更需要智慧和勇气。招聘配置管理者需要有前瞻性的判断，要把岗位空缺带来的损失呈现出来，客观评估招聘需求。

最后是恰当的时间。

一般情况下，招聘配置管理者都是在收到业务部门的需求之后才审核招聘指标的，审核通过后，才会正式启动招聘工作，如发布招聘岗位、安排面试等环节。通过的人才会进入入职环节，如录用通知和体检等，最后才是正式报到。通常来讲，从业务部门提出需求到候选人报到，大约需要两个月的时间，快的也要一个月，这还不包含候选人在上家单位办理离职手续的时间。

招聘周期拖得越长，业务部门的变化越大，可能岗位的需求也会发生变化，而且长时间的岗位空缺可能对业务部门的绩效产生实质影响。这个还是以候选人是“合适的人”为前提的，也就是说候选人上岗即胜任，即有绩效产出，不需要适应期和培训期。

招聘配置管理者如果被动等待业务部门的需求，就完全把时间的主动权交给了别人。业务部门可能是了解招聘过程的，所以可以前瞻性地提出准确的招聘需求，但是如果业务部门不了解招聘需求呢？业务部门可能今天提出需求，明天就想要人呢？那招聘配置管理者就会非常被动，最终损失的还是企业的整体利益。

招聘配置管理者需要转变工作方式，结合企业的战略，积极地对各业务部门的招聘需求进行预判，提前锁定候选人到岗的时间，以此反推招聘各环节的时间节点，实现招聘配置的 JIT。所以，优秀的招聘配置管理者，不是要解决当前的问题，而是要解决未来的问题。

第二节 | 根本问题的量化分析

招聘配置工作的根本问题是“让合适的人才能够在合适的时间高效地上岗”，只有在招聘配置的工作效率很高、对到岗人员有准确的评价而且到岗人员业绩达标的情况下，我们才认为招聘配置管理者有能力解决这个问题。

（一）招聘配置效率

从招聘配置效率上来说，渠道广、速度快、成本低是实现高效率的重要路径。

所谓招聘渠道，就是候选人从哪里来的问题。候选人从哪里来呢？人们常说：“想致富，先修路。”候选人的路就是招聘渠道，有了路，信息才能互通，候选人才能够流入进来，道路畅通了，候选人流入的速度才能快。所以优秀的招聘配置管理者，总是在不停地建设、拓宽企业的招聘渠道。

常用的招聘渠道包括以下几种：

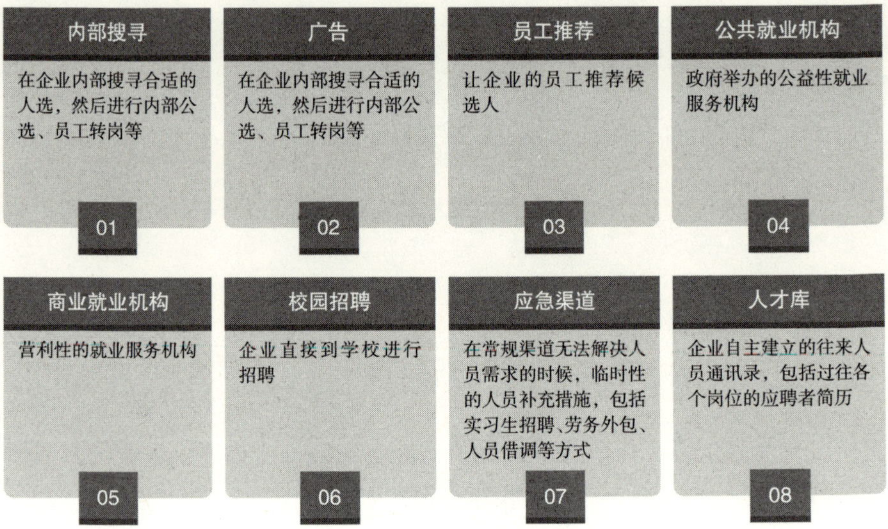

图 3–3　常用的招聘渠道

- **内部搜寻**，意思是在企业内部搜寻合适的人选，然后进行内部公选、员工转岗等。这种方式的优点是成本低，候选人也熟悉企业情况，上岗速度快，有助于提高员工士气；缺点是候选人范围有限，不利于企业的创新，对流程的规范性要求较高，需要平衡转出部门和接收部门的利益。
- **广告**，就是广而告之，利用报纸、电视等传统媒体，或者微信、微博、抖音、官网等网络媒体进行宣传。这种方式的优点是辐射范围广，可以有目标地针对某一特定人群进行投放；缺点是会有许多不合格的申请者，增加了筛选的难度。为了规避这种缺点，谷歌的一个案例就非常经典，它们在广告中把招聘网址做成了一道数学题，只有解开题目的人才可以进入简历投递环节。
- **员工推荐**，就是让企业的员工推荐候选人。这种方式的优点是可以通过现有员工对企业进行宣传，成本不高，负责任的推荐人可以找到很好的候选人；缺点是企业需要完善岗位回避政策，平衡举贤不避亲和任人唯亲的关系。例如，有的企业开展了员工推荐，但是被推荐者多为员工家属或亲戚朋友，人力资源部没有政策引导，业务部门也不好拒绝，结果是招聘指标达成了，人员效率却大幅降低。

- **公共就业机构**，就是政府举办的公益性就业服务机构，如地方的人才服务市场、职业介绍所等。这种方式的优点是收费很低甚至是免费的，受众面广且容易获得应聘者的信任；缺点是受众人群的技能水平较低。企业可以充分利用这一渠道开展一线岗位的招聘，通常会很有收获。
- **商业就业机构**，就是营利性的就业服务机构，如前程无忧、智联招聘、领英、猎聘等网络招聘平台，北京外企人力资源服务（FESCO）等线下招聘机构，还有一些猎头企业等。这种方式的优点是资源丰富，响应迅速，质量有保障；缺点是成本较高。商业就业机构的服务费收取方式有许多，有的是按照简历数收费，有的是按照预约到面人数收费，有的是按照入职人数收费等。猎头一般是在招聘高端人才或者高技术人才的时候才会启用，服务费一般会按照候选人年薪的 20% 收取。
- **校园招聘**，就是企业直接到学校进行招聘，有专场招聘会和双选会等形式。这种方式的优点是能够短时间找到大量、集中的候选人；缺点是候选人的专业水平普遍较低，需要花时间培养。为了避免校招的缺点，有些企业开始加强校企合作，通过做项目的方式提前锁定候选人。
- **应急渠道**，就是在常规渠道无法解决人员需求的时候，临时性的人员补充措施，包括实习生招聘、劳务派遣、劳务外包、人员借调等方式。这类方式的优点是能够短时间招到大量员工，解决人员缺口问题；缺点是人员管理难度大，综合成本也较高。
- **人才库**，就是企业自主建立的往来人员通讯录，包括过往各个岗位的应聘者简历，不论面试与否，不论录用与否，都会记录下来；还包括已离退员工的简历，记录他们的任职岗位、离职去向等。这种方式的优点是企业有积累的话，候选人规模将足够庞大，内部信息的流转效率也较高；缺点是企业需要有专门的系统进行管理和维护，信息也可能过于陈旧。

所谓到岗速度，就是从招聘需求提出到人员到岗的周期，周期越短说明招聘配置的速度越快。要想缩短这个周期，就需要在渠道的响应速度、流程的优化程度、品牌的吸引力度等方面下功夫。

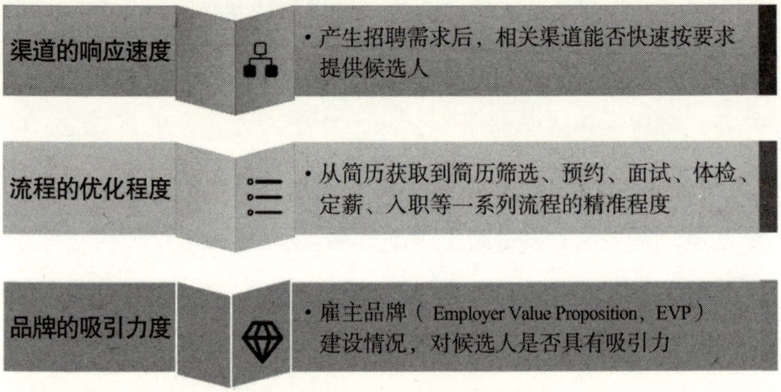

图 3-4　到岗速度

- **渠道的响应速度**，就是在产生招聘需求后，相关渠道能否快速按要求提供候选人。渠道的速度要想快，临时抱佛脚肯定是不行的，就像高速公路一样，必须要加强日常养护。例如，在招聘淡季，对内部转岗的制度进行建设，对广告效果进行分析，对内部推荐制度进行梳理，与就业机构加强互访，与学校开展项目合作，对应急渠道相关协议进行回顾，对人才库人员进行软文推送等。
- **流程的优化程度**，就是从简历获取到简历筛选、预约、面试、体检、定薪、入职等一系列流程的精益程度。这里提到的精益，并不是说越短越好，而是说有价值的环节要保留，没价值的环节要删减，同时要强调应聘者体验。例如，有个企业招聘一线员工，总是入职没两天员工就走了，招聘压力始终居高不下。后来，他们转变思路，在面试当

案例：三支柱和信息化助力京东人力资源管理效率提升

如何评价人力资源管理的效率？最简单粗暴的方式，就是看人力资源部的“人均服务人数”，它是用企业总人数除以人力资源部总人数得出的数值。一个企业的人力资源部配置多少人是合理的？一般是按照 1∶100 计算的，即 1 名人力资源专员服务 100 名员工，最高按 1∶150 计算。但在京东，1 名人力资源专员可以服务 3750 人，是过去标准的 25 倍。京东之所以能够实现人力资源管理效率的大幅飞跃，得益于管理模式的变革，以及人力资源管理的数字化，得益于强大的人力资源信息化建设。

2011 年，京东成立了人力资源业务伙伴（HRBP）团队，他们发现入职手续办理、劳动合同签订、社保 / 公积金办理、福利管理、考勤休假管理、证明开具、离职手续等日常事务占到全部工作的 80%，明显拖累了人力资源的管理效率。因此，2015 年，京东建立共享服务中心（SSC），建立了员工服务大厅，承接 6 大类、19 项员工服务内容。为支持转型与业务开展，京东先后完成了一系列信息化准备，包括呼叫中心（Call Center）建设、在线系统建设、员工自助以及 PS 系统优化等。

2. 合适的人选

人选是质量上的要求。合适的标准是什么？如何评价候选人是否符合要求？招聘配置管理者首先要做的就是招聘配置需求分析，从岗位职责再到能力模型，从职位描述书再到职位说明书，据此形成一个招聘配置需求的标准，里面涉及的内容一般如表 3–5 所示。

表 3–5　候选人的评价维度

评价维度	对标准的审视
学历要求	一般是出于企业自身的人才层次要求确定的，为什么一定要硕士才可以胜任其实是很难回答的，可能是为了缩小候选人的范围，降低简历筛选的难度，仅此而已。

续表

评价维度	对标准的审视
能力要求	能力包含的内容就比较宽泛了，领导力是能力，专业知识也是能力，会用哪些工具、操作哪些设备、持有哪些证书、掌握哪些语言等都是能力方面的要求。但对于新业务领域来说，能力的要求依然是模糊的。
经验要求	这也是从经验推测未来，做过就一定能做好吗？没有经验的就一定无法胜任吗？这个经验究竟给候选人怎样的加持，完全取决于招聘配置管理者或者业务面试官的判断。
健康要求	身心健康水平的确是高绩效的保证，但也不是高绩效的必要条件，并且多样的性格差异对于组织来讲反倒有助于全面问题研究，提高决策的科学性。

评价人的方法有许多，有研究表明单独使用一种方法所获得的评价准确度不足 50%，只有通过评价中心技术运用多种方法进行综合评价，才可以将评价准确度提高到 60% 左右。当然，评价方法本身并没有对与错，关键在于使用它的人，所以招聘配置管理者在建设评价中心的同时，也需要做好面试官的培训。

表 3-6　评价工具的优势场景

评价项目	首选评价工具
基本信息	资料法（查阅个人简历、档案等）
专业能力	笔试、课题法、行为面试法、资料法（查阅证书等）
性格 / 风格	性格测试、观察法
行政能力	笔试、公文筐、案例法
领导力	综合面试法、360 度调研、背景调查
动机匹配	性格测试、压力面试法

案例：阿里巴巴的大数据人才画像

大数据思维下人才标准的确立，是全面了解高绩效人才的数据，然后从多个角度进行分析。这其中不仅包括传统模式下的上述要求，还包括频率、频次等信息。例如，阿里巴巴和北森在人才特质标准方面做出尝试。在阿里巴巴招聘新员工的时候，会要求所有候选人去完成北森的一项测评，北森根据测评的结果对人才进行画像，这个画像在开始的阶段仅作为参考提供给阿里巴巴招聘团队，然后阿里巴巴会将传统面试结果与测评结果进行比对，同时对入职人员的绩效水平进行跟踪。相关的结果会再次反馈给北森，北森再去对模型进行优化，然后找出他们的特质和高绩效的关系，确定新的测评评价标准。这是性格测试的一个例子，事实上，大数据思维下的人力资源可以建立以下事项的数据仓库：

员工基本信息——所有员工的年龄、性别、学历、专业、院校、身高、体重、血型、性格特质、兴趣爱好等。

设备使用记录——所有员工都是如何使用设备的？做了哪些操作？

沟通联络记录——所有员工的沟通网络是怎样的？沟通的广度、频次、长度等。

工作方式记录——所有员工有怎样的工作习惯，如何处理日常工作等。

工作经历记录——所有员工有怎样的工作年限、经历了哪些工作单位、工作岗位、工作任务等。

北森就是在寻找绩优员工与上述历史记录之间的关系，如果某一个因素与绩效优秀有强相关关系，那该因素就应该作为一项招聘的标准。这样的标准有两个作用：如果对同一类岗位进行招聘，那么就可以直接应用这一标准进行人才的选拔；如果是对一个新的岗位进行招聘，那么根据新岗位的任务分析，大数据可以对优秀候选人应当满足的标准给出建议。

（三）业务达标管理

招聘配置的根本目的是满足业务需求，所以招聘配置的结束并不是人员到岗，而是到岗人员切实发挥了作用，即个人的试用期绩效达标、业务的绩效目标达成。

1. 试用期绩效管理

在员工入职的时候，企业要同员工设定试用期的目标，既可以督促员工完成目标任务，也可以检验招聘的效果，还可以对员工关系管理提供依据。

表 3–7　试用期员工绩效目标表

试用目标：

以下目标须由试用人员及相关管理人员共同制定。

①直接主管应在员工入职五个工作日内向其介绍岗位及职责，并设定试用期目标。

②直接主管与员工签订的此协议书，作为试用期考核的依据。

③试用期结束前，将对此目标进行评估，并根据结果确定是否留用该员工。

第一部分：试用人员只有在完成新员工入职培训后，方能转正。

入职培训内容清单	评估要求

第二部分：试用期间应完成的具体任务及达到的水平。

试用期间的具体任务或技能要求	评估标准

备注：所有的评估标准、评估要求需要符合目标设定的 SMART 原则。

2. 招聘配置需求回顾

招聘配置需求回顾是从比试用期更长的周期审视招聘配置效果的工作，在企业确定招聘配置需求的时候，应当同时确定人员到岗后的业务产出。针对单个的招聘需求，需要说明个人的工作职责、期望产出及评估标准，企业需要按照标准评估到岗人员是否发挥了作用。针对群体的招聘需求，需要说明群体的工作内容、期望产出及评估标准，企业同样需要按照标准评估到岗群体是否发挥了作用。通过这样一个机制，可以积累业务与人员需求的关系，有助于持续完善招聘配置工作。

表 3–8　招聘配置需求回顾表

需求来源	需求意向	评估依据
离职补充	接替离职人员的工作，能够达成离职人员的绩效目标	离职人员的原绩效目标是否被完成？
调整补充	接替调岗人员的工作，能够达成调岗人员的绩效目标	调岗人员的原绩效目标是否被完成？
业务增量增编	能够达成业务增量带来的新的绩效要求	业务增量是否被完成？
新业务发展	能够达成发展新业务所需的绩效目标	新业务绩效目标是否被完成？
人员流失储备	能够避免人员流失给业务绩效带来影响	是否出现岗位空缺时间和岗位超编时间？

第三节 | 招聘配置的业务流程

招聘配置体系主要涉及两个流程，一个是招聘配置的流程，一个是人才盘点的流程。前者注重招聘，后者注重配置。

（一）招聘配置流程

招聘配置的流程设计直接关系到候选人的面试体验，也直接关系到雇主品牌的形象，因此招聘配置管理者需要对招聘过程中企业与候选人的触点进行逐一梳理，然后再针对各个触点的体验感进行提升。

招聘配置的流程设计还关系到企业对员工信息的掌握程度，一般员工在求职的过程中会乐于提供个人信息，企业可以较为全面地掌握员工信息，招聘配置管理者如果能将这些信息加以整合，并在员工入职、员工发展、员工关系管理等领域加以应用，将大幅提高企业的人力资源管理的有效性。

表 3–9　招聘配置流程

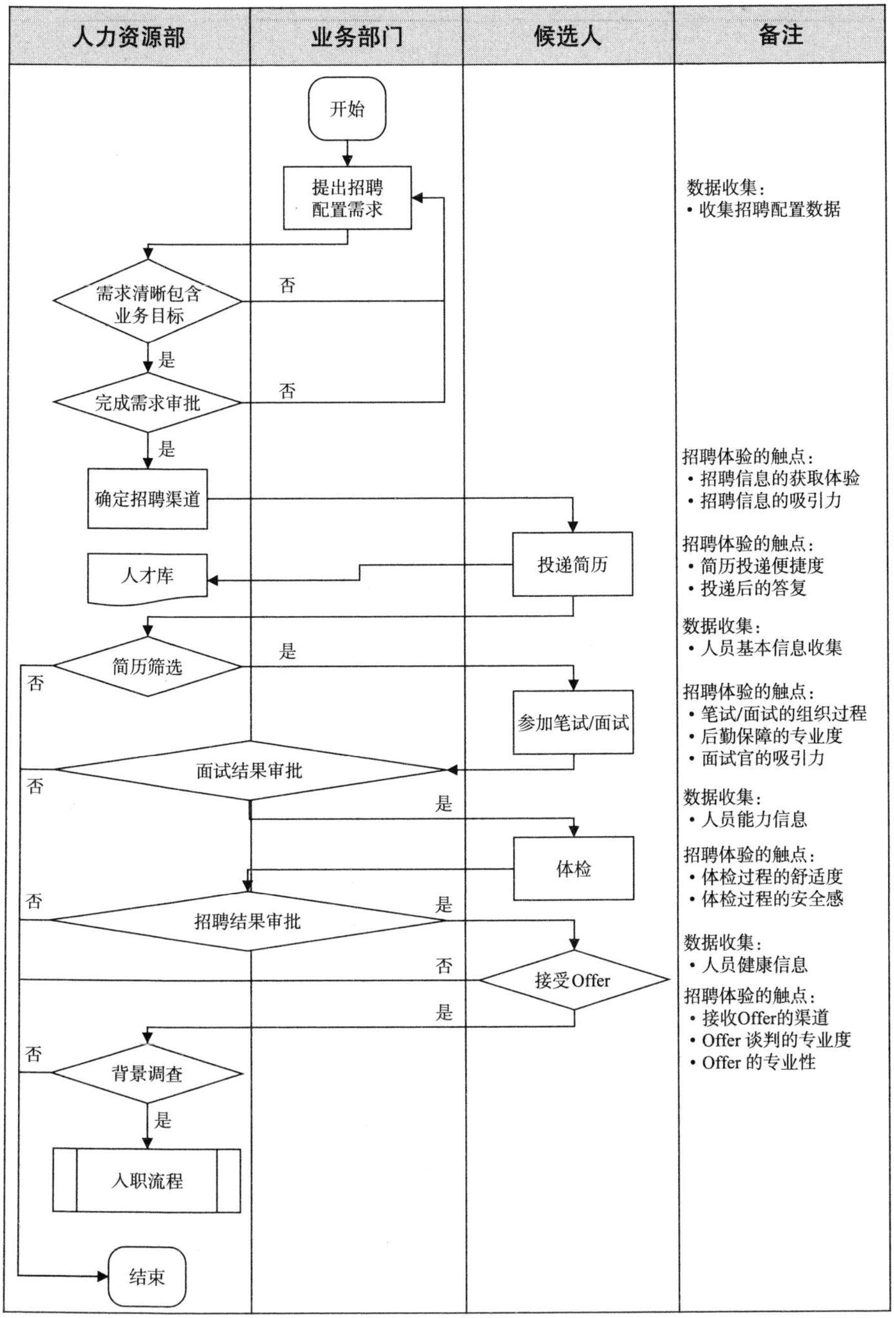
人力资源部
业务部门
候选人
备注
开始
提出招聘配置需求
需求清晰包含业务目标
否
是
完成需求审批
否
是
确定招聘渠道
投递简历
人才库
简历筛选
是
否
参加笔试/面试
面试结果审批
否
是
体检
否
招聘结果审批
是
否
接受Offer
是
否
背景调查
是
入职流程
结束
数据收集：
• 收集招聘配置数据
招聘体验的触点：
• 招聘信息的获取体验
• 招聘信息的吸引力
招聘体验的触点：
• 简历投递便捷度
• 投递后的答复
数据收集：
• 人员基本信息收集
招聘体验的触点：
• 笔试/面试的组织过程
• 后勤保障的专业度
• 面试官的吸引力
数据收集：
• 人员能力信息
招聘体验的触点：
• 体检过程的舒适度
• 体检过程的安全感
数据收集：
• 人员健康信息
招聘体验的触点：
• 接收Offer的渠道
• Offer 谈判的专业度
• Offer 的专业性

（二）人才盘点流程

人才盘点是对企业现有人员的能力和潜力进行评估排序的活动。企业可能有许多理由开展人才盘点，这与企业所处的发展阶段直接相关，由于企业在各个阶段进行人才盘点的目的不同，所以为了让员工更容易理解、支持和配合，提高盘点的有效性，企业应当持续性开展人才盘点工作，最好是作为日常工作，实时掌握人才队伍状况。

人才盘点一般分为四个步骤，即准备、评估、校准和应用。如图 3–6 所示：

图 3–6　人才盘点的四个步骤

准备阶段的主要工作是明确盘点的目的和应用方向，确定评估维度和标准要求，制订具体推进计划，召开启动会。

评估阶段的主要工作是按照推进计划实施盘点，盘点的过程可能包括测评、访谈、会议讨论等，并初步形成盘点结果，包括个人的测评报告或者人才画像，以及团队能力分布的九宫格，如图 3–7 所示。

校准阶段的主要工作是对初步形成的盘点结果进行通盘的分析，对偏差的结果进行再确认。招聘配置管理者要避免将校准变成调校，校准是使用更细化的标准对异常值进行再确认的过程，并不会对测量值本身进行调整；调校则是对测量结果进行调整，使某一个结果达到某种标准的过程。例如，针对某个人的测评结果，管理者会觉得有点意外，如果管理者说找找类似的员工的结果看看，相互比较一下，或者把标准拿来看看，对照下差距，这叫作校准；如果管理者说这个结果不对，他分数应该更高一点，这便是调校。

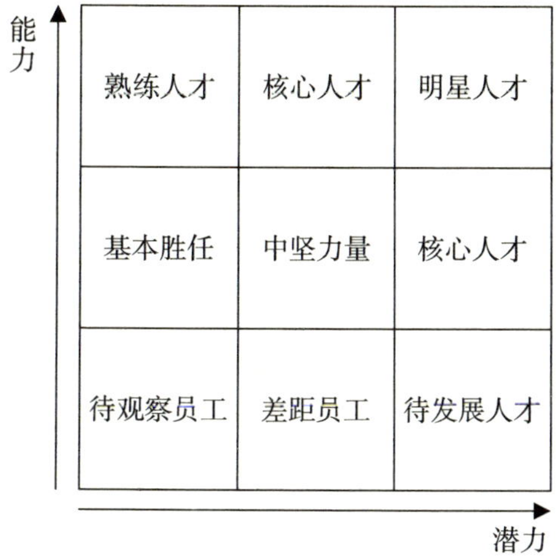

图 3-7 人才盘点九宫格

应用阶段的主要工作是将盘点结果应用在个人发展和组织发展上。在个人层面可以进行结果反馈，指导员工制订个人发展计划。在组织层面可以进行人员调整及后备人才培养。

第四节 | 常用的招聘配置量化指标

根据量化分析的层次，指标可以分为描述型指标、分析型指标和预测型指标。下面具体罗列了常用的招聘配置量化指标。

（一）描述型指标

需求总量

【定义】反映招聘配置的工作量。

【数据来源】招聘渠道跟踪表。

到岗周期

【定义】反映将一名新人招聘配置到岗所需的时间。

【公式】到岗周期 = 入职日期 – 招聘启动日期

【数据来源】招聘进度跟踪表。

招聘时长

【定义】反映招聘配置流程效率，指候选人自提出申请到收到 Offer 所需要的时间。

【公式】招聘时长 =Offer 日期 – 申请日期

【数据来源】招聘进度跟踪表。

业务经理满意度

【定义】业务部门经理对招聘过程、招聘质量的满意度，反映招聘配置工作的质量。

【数据来源】招聘满意度调查。

候选人招聘体验

【定义】候选人对招聘配置过程的满意度，反映雇主品牌的吸引力。

【数据来源】候选人满意度调查。

平均岗位空缺时间

【定义】平均每个职位空缺多久才能够有新员工到岗，反映招聘配置的工作效率。

【公式】平均岗位空缺时间 = 岗位空缺总时间 ÷ 招聘计划岗位数

【数据来源】招聘渠道跟踪表、招聘进度跟踪表。

招聘计划完成率

【定义】反映招聘配置计划的完成情况。

【公式】招聘计划完成率 = 入职人数 ÷ 招聘计划数

【数据来源】招聘渠道跟踪表。

（二）分析型指标

首年流失率

【定义】反映招聘配置工作的质量。

【公式】首年流失率 = 首年离职人数 ÷ 入职总人数

【数据来源】花名册。

平均到岗周期

【定义】新人招聘配置到岗所需时间的平均值，反映招聘配置工作效率。

【公式】平均到岗周期 = $\sum_{1}^{n}$（入职日期 - 招聘启动日期）÷ n

【数据来源】招聘进度跟踪表。

岗位平均申请人数

【定义】用于评估招聘广告的有效性，并不是越高越好，要控制在合理的区间。

【公式】岗位平均申请人数 = 总申请人数 ÷ 开放岗位数

【数据来源】招聘渠道跟踪表。

人均渠道成本

【定义】反映招聘配置工作的效率。

【公式】人均渠道成本 = 渠道招聘成本 ÷ 渠道招聘人数

【数据来源】招聘预算。

录用比率

【定义】评估渠道的候选人质量以及招聘广告的精准度。

【公式】录用比率 =Offer 总人数 ÷ 候选人总数

【数据来源】招聘渠道跟踪表、招聘进度跟踪表。

Offer 接受率

【定义】反映企业 Offer 的吸引力，侧面反映薪酬竞争力水平。

【公式】Offer 接受率 =Offer 接受人数 ÷ Offer 总人数

【数据来源】招聘渠道跟踪表、招聘进度跟踪表。

入职比率

【定义】反映渠道的效率水平。

【公式】入职比率 = 入职人数 ÷ 候选人总数

【数据来源】招聘渠道跟踪表、招聘进度跟踪表。

人均招聘成本

【定义】反映企业招聘的效率。

【公式】人均招聘成本 = 招聘总成本 ÷ 入职人数

【数据来源】招聘预算、花名册。

岗位开放率

【定义】反映招聘配置工作的紧迫性。

【公式】岗位开放率 = 开放岗位数 ÷ 总岗位数

【数据来源】组织架构图、招聘渠道跟踪表。

渠道效率

【定义】反映某个渠道的招聘效率。

【公式】渠道效率 = 渠道入职人数 ÷ 入职总人数

【数据来源】招聘渠道跟踪表、招聘进度跟踪表、花名册。

渠道效能

【定义】反映某个渠道的候选人质量。

【公式】渠道效能 = 渠道入职人数 ÷ 渠道候选人总数

【数据来源】招聘渠道跟踪表。

（三）预测型指标

招聘成功率

【定义】反映招聘配置工作的质量。

【公式】招聘成功率 = 达标的入职人数 ÷ 入职总人数

【数据来源】招聘进度跟踪表。

信息采集完整率

【定义】反映招聘配置对员工相关信息的处理效率。

【公式】信息采集完整率 = 采集到的数据量 ÷ 数据总量

【数据来源】员工档案、花名册。

预测人员流失率

【定义】对未来的人员流失水平进行预测。

人才画像

【定义】对各类人才的特征进行总结描述的工作。

预测需求规模

【定义】对企业未来的人员需求规模进行预测。

预测供给规模

【定义】对企业未来的目标人才市场规模进行预测。

第四章　绩效管理的量化

第一节 | 绩效管理要解决的核心问题

说起绩效管理，绩效管理者总是说管理者或者业务部门应该如何如何，却忽略了人力资源自身的绩效管理职责。绩效管理究竟要解决什么问题？分享四个小故事。

第一个，绩效管理似有似无。

我有一朋友，在一家改制的企业里工作，有一天他跟我抱怨，说管理者嫌员工工作效率太低，让他想办法。我就问他："你们做不做绩效管理？"

他一听就乐了："绩效管理？你说的就是年底评个优良中差的那种？有啊，肯定有啊。"

我一看他这乐呵劲儿就挺好奇："你乐什么啊？有什么好笑的？"

"哎，你说这一年到头，年底领导给评个优秀，发 100 元奖金，不就是逗小朋友吗？"看我没吱声，他又补充道，"而且，这评价全看资历或者关系，有的部门是搞平均，轮流当优秀，没什么意思。"

"那你们年初定目标吗？或者考评标准什么的？"

"为 100 元奖金，还定目标？有必要吗？"

"那效率低了，有什么影响吗？"

"我们效益好得很，再说都是老员工，谁没事儿跟别人找不痛快啊？"

我竟无言以对！毫无经营压力的企业，用得着绩效管理吗？

第二个，绩效管理不得不做。

在互联网行业，提到“去KPI”，大家会想到的是小米。在2016年的小米年会上，雷军甚至把“开心就好”作为年度战略进行了发布。结果，当年业绩直线下滑，2016年成了小米最困难的一年，2015年全球出货量排名中国第一的小米，在2016年全球出货量跌出了全球前五，这也是小米手机出货量首次跌出全球前五。

2017年的年会上，一直坚持“去KPI”的雷军提出“定个小目标”——2017年，小米整体收入破千亿元。结果，年初定下的出货7000万台、营收超千亿元的目标提前完成。雷军在接受媒体采访时，甚至迫不及待地许下了新的小目标：2018年出货1亿台，进入世界500强；5年内小米之家营业额100亿美元，10年后小米的营收达到1万亿元。

在高度竞争的市场，“佛系”要不得，不做绩效管理可能会导致不利后果。

第三个，绩效管理不如不做。

有这么一个故事。

每天，小张很早到办公室，并且一来就开始忙个不停。他很热爱工作，工作效率也很高。管理者发现了小张能自觉工作而无需他人监督。管理者认为，在没有人监督的情况下，小张生产力如此之好，若有人监督，是不是效率会更高？于是，聘用了小李管理企业流程，聘用了小王管理企业文化，聘用了小赵管理企业文件。

在公司管理者对公司进行调整后，小张的工作时间无形中有所减少，原来很轻松并且能愉快工作的小张被增多的文书作业和各种会议所影响，他的生产力急速下滑。

这个故事告诉我们，乱做绩效很多时候还不如不做。

第四个，绩效管理不太好做。

如果企业开展敬业度调研的话，在人力资源管理领域，始终有两个项目的得分会处在劣势，一个是薪酬调研，另一个就是绩效管理。薪酬调研的满意度低很容易理解，因为任何人都有个人利益最大化的诉求，对薪酬提出更多的期待这很正常，全世界的敬业度调研基本都是薪酬的满意度最低。可是为什么人们对绩效管理感到不甚满意呢？因为提到绩效管理的时候，人们想到的往往是绩效考核，绩效考核的结果又常与薪酬挂钩，人们对薪酬有着明显的期待，所以对绩效也会有更好的追求，对绩效管理不甚满意还是为了表达薪酬方面的期望。那么，绩效管理的满意度低并不是对绩效管理活动的认识，而是对薪酬分配的认识。这说明，人们对绩效管理普遍存在误解，绩效管理并未发挥它应有的作用。

如果把绩效管理理解为绩效考核的话，这项工作是无法在满意度方面取得实质性改善的，而且会让这项工作变得索然无味。例如，你的团队有一名员工甲上个月因为生病休了三天假，他的绩效目标没有达成，你会如何打绩效分呢？你可以给他打不及格，理由是结果导向。可是这样的结果会让人认为你不体谅人，机械执行目标，冷酷无情。你可以给他打及格，理由是有情可原。可是这样的结果会让人认为你没有原则，目标没有完成就是没有完成，他应该有其他的方法补上这三天的工作。你也可以给他打优秀，理由是目标定高了，已超越预期。可是这样的结果会让人认为你不可信任，独断专权。绩效评估是由人打出来的，只要是人打出来的，就存在情感因素，就存在偏颇的可能，就容易因此招来抱怨。

那么，究竟该如何进行绩效管理？

其实，不同的企业对绩效管理的需求是不一样的，绩效管理者不能指望一服药剂包治百病，而应该回归绩效管理的本源，找到需要解决的根本问题，对症下药。只有适合的才是最好的。

回想一下，在企业产生之初，完全是卖方市场，只要能生产得出来，甭管什么质量，甭管多少数量，都有人会买。企业只管生产，不需要目标。那时候，工人可能是分文不取的学徒，企业管理没有目标，更谈不上绩效。

直到有一天，市场开始转变，开始有了竞争，开始是买方市场了，企业主开始要求更高的效率，于是，科学管理产生了，目标管理也产生了。人们不断地认识到，设备、流程的调整可以产生更高的效率，员工的激励也可以提高效率。企业主开始从只关注设备和技术向关注人转变。绩效管理的目的，也从薪酬发放向人员激励转变。处在这一阶段的绩效管理叫作绩效考核阶段，要解决的问题是确保绩效考核结果的可靠性，让结果能够在薪酬发放或者人员激励中加以应用。

后来，绩效管理理论进一步发展，开始从关注结果的绩效考核发展为关注未来的绩效改进。所谓绩效管理是指管理者与员工之间就目标与如何实现目标达成共识的基础上，通过激励和帮助员工取得优异绩效从而实现组织目标的管理方法。处在这一阶段的绩效管理叫作绩效改进阶段，要解决的问题是确保绩效改进的效率性，让绩效改进能够持续高效地开展。在绩效改进的过程中，仍需要对绩效结果进行评价，但结果并不用于考核，所以叫作绩效评估更合适。

综上，绩效管理要么输出一个绩效结果，要么输出一个改进过程，它本身并不产生价值，它是为其他项目服务的，是“项目中的项目”。

第二节 | 根本问题的量化分析

绩效管理的价值在于帮助企业获得有效的绩效评估结果，能够帮助企业持续绩效改进，所以对绩效评估的量化，就是为了评估绩效管理活动是否提高了企业绩效评估结果的可靠性和绩效改进过程的效率性。

（一）评估结果

评估结果可靠，可以描述为“绩效管理使企业获得了可以有效支持其他管理活动的评价结果”。如本章第一节所述，绩效管理是“项目中的项目”，是为了支持其他管理活动而存在的，因此其可靠性体现在两个方面，一方面评价结果本身能得到认可，另一方面结果也要能被其他活动使用并发挥作用。为了实现这一目标，绩效管理人员需要准确把握评估目的、高信效度评估系统、全面监控评估过程。

1. 准确把握评估目的

绩效评估的目的能有什么？如果你是一名绩效管理人员，这个问题可能让你觉得太小儿科了，你可以列出许多绩效评估的目的，例如：

①通过设定“员工的成功是什么”等清晰的期望来提升个人绩效从而提升组织整体绩效。

②将个人的目标和组织的目标紧密联系起来，达到双方的和谐统一。

③找到员工和组织在目标实现和绩效提升方面的差距，提供相应的辅导、反馈、培训等。

这些目的在理论上当然正确，但是，这是真实的吗？难道不是为了发放薪酬？不是为了激励员工？绩效管理人员一定要找到最真实的绩效评估目的，只有找对了方向，才能知道如何去做，才能保证结果是可靠的。通常来讲，企业实施绩效评估的目的，归根结底就是将结果应用在以下三个领域，在不同领域的应用方式有所不同。

表 4–1　绩效管理的目的

应用领域	应用举例	可靠性需求	需求频次	可靠性评估人
薪酬发放	计件工资 业绩奖金	由薪酬制度决定	发薪周期	员工
人员激励	职位激励 人员选拔	人员要有区分度 强制分布	按需	上级主管
绩效改进	课题攻关 全员改善	客观反映绩效水平	高频	企业所有者

服务于薪酬发放，就是要向薪酬部门输入信息，然后薪酬部门能够依据这个信息核算员工的工资或者奖金。计件工资制是最简单的绩效管理，每个人完成多少，然后记一个数字交给薪酬部门就好了。对于这种目的的绩效管理，绩效评估的标准自然要以薪酬制度为基础，以发薪周期确定评估的周期。对于结果是否可靠，员工是最有发言权的，因为每名员工都会核算自己的薪酬，如果有出入或者制度不合理，员工首先就会有意见。

服务于人员激励，就是要让部门的管理人员有管理的工具，他能通过绩效评估结果对人员进行分类，以此达到管理团队的目的。对于这种目的的绩效管理，绩效评估的标准自然要以人员区分的要求为基础，但仍然要以结果评估为导向，要避免将对结果的评价与将对人的评价相混淆。例如，一个优秀将领近来多次打了败仗，如果单从近期每次战役上来说，绩效肯定是不合格的，但是对将领的能力，则不能根据这几次战役失利就予以否定。对于结果的可靠性，上级主管是最有发言权的，因为他要使用这个结果对人员进行管理，如果不是他想要的结果，把他想保留的人放到了淘汰组里，说明他的评估系统出了问题。

服务于绩效改进，将绩效评估结果反馈给绩效改进团队，团队以此为依据制订下一步的改进计划，最终实现绩效改进目标。对于这种目的的绩效管理，绩效评估的目的是衡量现状与目标的差距，评估结果是用于纠偏的，改进的目的是达成绩效目标。对于结果的可靠性，企业所有者是最有发言权的，最后目标是否达成，肯定是企业所有者关心的事项。

在以上三种目的中，绩效评估结果的应用对象不尽相同，以薪酬发放为目的的绩效结果的应用对象是工资预算，是一个分配标准；以人员激励为目的的绩效结果的应用对象是被评估对象，是一个人员的任用标准；以绩效改进为目的的绩效结果的应用对象是绩效改进过程，是一个绩效改进的方向。

2. 高信效度评估系统

与数据测量一样，在目的明确之后，为了获得准确可靠的评估结果，就需要一套高信度和信效度的测量系统。绩效评估是对业务产出的测量，也是一个涉及人、机、料、法、环等多要素的系统性工作，要提高评估结果的信效度，就要提高这些要素的稳定性。

人，在测量系统中指的是操作者，即具体实施测量的人。在绩效评估系统中，人则是指负责实施评估的人，如部门经理。为了确保评估系统的信效度，需要提高评估人的能力稳定性，对他们实施绩效评估培训，让他们具备稳定实施评估的能力。

表 4-2 绩效评估能力检查表

序号	被评估人能力项	确认
1	我理解组织的目标。	□
2	我能够将组织目标分解给团队每个人。	□
3	团队成员的目标符合 SMART 原则。	□
4	团队成员知晓绩效结果意味着什么。	□
5	我能让团队成员理解和认同个人目标。	□
6	我知道如何为员工提供成功所需的资源。	□
7	团队成员理解目标达成情况的评估标准和评估方法。	□
8	我是完全基于目标达成情况做出绩效评价的。	□
9	我有良好的倾听、询问和反馈的能力。	□
10	我建立了适当的绩效反馈机制。	□

机，在测量系统中指的是测量工具，即测量所用的设备。在绩效评估系统中，机则是指绩效标准，即绩效目标或者绩效要求。为了确保评估系统的信效度，需要根据评估目的，有针对性地制定统一的绩效标准。一套好的绩效标准，需要满足以下条件：

①标准的全面性。标准应与评估目的相匹配。例如，以薪酬发放为目的的时候，标准需要全面包含薪酬计算的各项依据。以人员激励为目的的时候，标准需要全面包含倡导行为的各项维度，具体包括关键绩效指标（Key Performance Indicator，KPI）、岗位职责指标（Position Responsibility Indicator，PRI）、工作态度指标（Work Attitude Indicator，WAI）、岗位胜任特征指标（Position Competence Indicator，PCI）、否决指标（No-No Indicator，NNI）。

②标准的区分度。所谓区分度是指评估结果细化到何种程度的意思。标准应比评估结果或过程控制的要求更细化一个层次。例如，评估结果要求每年统计一次的，那么标准应当可以评估每个月的情况。过程控制期望监测到数量变化的整数级别，那么标准应当可以评估到小数点后一位。

③标准的客观性。标准应不受评估人的影响。例如，同一个评估人，使用标准反复评估同一个对象的结果应相同。不同的评估人，使用标准反复评估同一个对象的结果也应相同。

④标准的稳定性。标准应在一个评估周期内始终有效，即在评估周期内的任何时点，都可以使用该标准进行评估。

⑤标准的可比性。标准应在同一个评估群体内具有比较性，这种比较性应使得结果可以相互转化。例如，针对销售 A 产品的人员的绩效评估结果，经过一定的转化，也可以与销售 B 产品的人员的绩效评估结果相比较。

料，在测量系统中指的是测量对象，即测量使用的样本。在评估系统中，料则是指纳入评估的具体维度。例如，某项业务的成果，是否作为业绩达成的依据予以采纳，纳入多少比例等。再如，一项业务是多个人完成的，是否每个人都可以将其作为业绩达成的依据予以采纳等。为了确保评估系统的信效度，需要确保评估中使用的业绩产出能够全面、真实反映被评估人的绩效水平。

法，在测量系统中指的是测量方法，即测量的具体步骤。在评估系统中，法则是指评估的具体方法、步骤和流程，如绩效评估的流程。为了确保评估系统的信效度，需要采用适当的评估方法，包括评估的周期、评估的步骤、评估的方式等。

表 4–3　常见的绩效评估方法比较

评估对象	评估周期	评估步骤	评估方式
生产人员	每日 / 月度	1. 根据职责要求确定目标 2. 根据完成情况直接计算绩效得分	目标管理法 行为观察法
销售人员	月度 / 季度 / 半年	1. 根据战略需要制定指标和目标 2. 设定权重并确定计算公式 3. 根据达成情况计算绩效得分	关键绩效指标法 目标与关键成果法

续表

评估对象	评估周期	评估步骤	评估方式
行政人员	半年 / 年度	1. 根据战略确定工作方针和目标 2. 设定行动举措和评分公式 3. 根据目标达成情况和日常评价结果计算绩效得分	方针管理法 行为锚定法 360 度评估法
研发人员	半年 / 年度 / 项目	1. 根据战略确定研发方向 2. 设定研发能力要求和产出目标 3. 根据达标情况计算得分	胜任特征法 关键事件法
管理人员	年度 / 任期	1. 根据愿景和战略从综合的角度制定目标 2. 设定权重和评分公式 3. 根据达标情况计算得分	平衡计分卡 净现值法

环，在测量系统中指的是测量环境。在评估系统中，环则是指环境，只是与测量质量的环境更多地强调物理环境不同，绩效的评估环境是指实施绩效评估的氛围。为了确保评估系统的信效度，需要降低环境对评估结果的干扰，在评估实施前做好绩效评估的充分准备。

表 4–4　绩效评估环境检查表

序号	被评估人能力项	确认
1	我理解组织的目标。	□
2	我理解个人目标与组织目标的关系。	□
3	我的目标体现了 SMART 原则。	□
4	我知道绩效结果对我意味着什么。	□
5	我理解和认同每个团队成员的目标。	□
6	我理解并认同目标达成情况的评估标准和评估方法。	□
7	我认同绩效结果完全取决于目标达成情况。	□
8	我知道如何反馈绩效方面的意见或建议。	□

3. 全面监控评估过程

任何一个系统的有效运转，都离不开监控。为了提高评估结果的可靠度，绩效管理人员需要对绩效评估系统的实施过程进行全面监控，确保系统的评估过程是规范的和稳定的。监控的对象包括评估系统的各要素是否稳定，评估结果有无异常值等。对于发现的异常，需要有相应的纠正措施。

表 4-5　绩效评估监控措施表

措施名称	活动概要
绩效申诉机制	1. 组建由人力资源部和业务部门管理者组成的绩效管理委员会。 2. 员工对绩效结果有异议时，可以向绩效管理委员会申诉。 3. 绩效管理委员会对相关的绩效评估系统进行审核。 4. 绩效管理委员会根据审核结果对员工的绩效做出裁定，并向员工及相关部门做出反馈。
绩效评估满意度调研	1. 面向员工发放绩效满意度评估问卷，针对评估系统的各个环节进行调查。 2. 根据员工的满意度情况，分析评估系统的稳定性。 3. 对调研结果进行公示并针对问题制订改善计划。
绩效评价抽检机制	1. 对绩效结果进行抽样检查，与相关的员工、部门进行访谈，了解评估系统的运行情况。 2. 对于异常的情况，要求做出整改。 3. 将绩效抽检的结果进行公示。

上诉监控措施中，绩效申诉机制属于被动措施，绩效评估满意度调研和绩效评价抽检机制属于主动措施。企业应将被动措施和主动措施相结合，以此确保评估系统的稳定性。

案例：孩子王、链家的系统和员工自驱力

随着互联网的发展和大数据的应用，绩效管理的方式也在不断升级，过去无法实现的即时评价和实时反馈，通过信息系统建设，孩子王和链家已将它变成现实。员工只要把信息、线索登记在系统中，就可以得到即时的绩效评价，可以实时查看自己的收益。链家的系统，可以让拿钥匙、发

图、带看、成交等各个环节上的员工，都看到自己的收益，每一笔交易可以获得的提成也能够实时查看。通过这样的系统设计，孩子王和链家的员工都获得了自驱力，他们会积极地完成每一项动作，会热情地对待每一个客户，这也让绩效评估成了一份即时完成的工作，没有滞后性，让绩效在薪酬发放和员工激励方面发挥了应有的作用。

（二）改进过程

改进过程高效，可以描述为“绩效管理使企业达成绩效目标的效率得到持续改进”。为了达成这一目标，绩效管理人员要打造问题发现机制、普及真因分析能力、优化方案设计水平、跟踪改进实施效果。

1. 打造问题发现机制

绩效改进角度的问题发现，分为两种机制，一种是自上而下的方式，一种是自下而上的方式。

自上而下的方式的代表，如LG的TDR活动（Tear-Down and Redesign）和摩托罗拉的6σ（六西格玛）活动。

TDR，全称是拆解及重新设计专案小组。TDR是LG原数码家电事业本部部长金双秀在实施全球业务转型时推出的一系列提高LG产品品质的管理手段之一。只要是产品在设计、开发、生产、销售等各个环节遇到了棘手的难题或障碍，LG各个相关负责部门的能手便迅即出动启动TDR专案小组。这个小组集中在一起全力解决出现的问题，直到找到办法为止。

6σ活动，发端于摩托罗拉，成名于通用电气的改善活动，不仅是质量改善的工具，也是提升综合管理的手段。该活动要求企业一把手参与，同时设置专人负责推进，每年进行课题的选择，牵头组成临时的项目团队，运用统计分析的方法，找到解决问题的办法。

自下而上的方式的代表，如丰田的全员改善活动和英特尔的OKR

（Objectives and Key Results）活动。

丰田的全员改善，是丰田生产方式的重要组成部分，核心是以人为本，鼓励全员发现浪费、持续改善。每一个人都会接受问题发现、分析和解决相关的培训，每年从员工提交的众多改善案例中遴选出优秀的案例进行发布和奖励，鼓励员工参与，营造全员参与的改善氛围。它是一种文化而非阶段性的项目，是一个实时的、持续的改善机制。

英特尔的OKR，即目标与关键成果法，由英特尔公司创始人安迪·葛洛夫发明，并由约翰·道尔引入谷歌使用并发扬光大，在脸书、领英等企业广泛使用。它要求每位员工围绕公司愿景，为自己的工作设定挑战性的目标和评估标准，选择状态指标保障项目实施，定期回顾目标进度，其实这就是一种员工自主发现绩效问题的机制。

不论是自上而下还是自下而上，这些成功的机制有其共同的关键驱动因素，这些共同的关键驱动因素决定了机制的成功。问题发现机制的关键驱动因素，按重要性从高到低的顺序排列如下：

①一把手负责制。企业的一把手一定要参与到绩效改进活动中来，要在项目过程中给予指导、审核。

②以价值为核心。为顾客（含内部顾客）创造价值是绩效改进的核心，每个项目都要明确对顾客的价值，而非以自我为中心。

③以现状为基础。绩效改进的基础是业务的现状，应当在明确现有的业务流程和标准规范之后，再实施改善。

④目标导向原则。绩效改进是一个长期的过程，需要循序渐进、不断积累。每个项目均应设置符合实际、实事求是的目标。

⑤正向激励机制。绩效改进是一个创新性的变革活动，需要发挥员工的创造力，需要鼓励员工暴露问题，需要奖励成功、允许失败。

要实现对问题发现机制的量化，首先要建立发现问题的机制，然后再对发现机制的效率性进行评估。

表 4–6　绩效改进申报表

项目名称 *				
牵头部门		项目组长		
项目选择评价信息				
输入“Y”（Yes）or“N”（No）表明以下要求是否得到满足，项目全部满足以下 5 个要求方可列入合格的备选项目→				Y / N？
重复发生的事件	项目中的事件是重复发生的，而且为了保证在合理的项目时间范围内对过程的绩效进行测量并对过程的改善进行验证，这些事件需要发生得足够频繁。			
有限的范围	项目范围必须有明确清晰的起始和结束区间。对于一个含有多种特性的过程，应尽可能地减少过程的复杂性，将项目的初始范围限制在一个特性上。			
过程可测量 / 量化	过程绩效必须可测量，或者通过现有的测量指标，或者通过建立特定的测量手段在改善行动实施前后跟踪。			
过程可控	只有过程的拥有者同意实施改善措施项目才能成功，所以，项目必须有一个有权力 / 权利实施项目的指导人或支持人。项目也可以有多位项目指导人或支持人，但要有一个最终决策人。			
项目效益	能够根据顾客满意度的改善、浪费的消除等界定和估计项目的各种收益，这个指标可用于对所有项目的实施顺序进行优先级排序。			
项目重要度评价信息				
顾客满意度	硬收益（万元）	软收益（万元）	关键质量指标（技术类项目适用）	项目重要度优先序数
1= 低；3= 中；9= 高	1 ≤ 5；4=5–50；10 ≥ 50 超过 50 万元后每增加 5 万元再加 1 分，最高不超过 30 分	1 ≤ 10； 4=10–100； 10 ≥ 100 超过 100 万元后每增加 10 万元再加 1 分，最高不超过 15 分	9：影响产品交付的重大质量问题 3：影响产品交付的一般质量问题 1：其他质量问题	9：公司级改进项目 3：跨部门重要问题 1：部门内一般问题

续表

项目名称 *				
牵头部门		项目组长		
项目具体信息				
项目描述 *				
过程的高度概述——这个过程的背景情况是什么，对这个过程有什么期望？（提供对宏观过程的定性描述即可）				
问题陈述 *				
项目希望纠正、改善或改变什么？为什么？（请量化对过程各方面的描述）				
项目范围				
项目将集中关注于过程的什么部分？				
评估标准（可量化）				
给出项目评价唯一的、清晰的判定标准。（请量化描述判定标准的各个方面或附图片进行辅助说明）				
项目目标 *				
项目期望完成什么？（请量化描述）				
顾客抱怨				
顾客原始的口头抱怨或其他形式的描述性记录。				

续表

项目名称 *			
牵头部门		项目组长	
项目其他信息			
计划开始日期 *		计划关闭日期 *	
项目财务硬收益预估数据 * （财务分析师确认）		财务分析师 （签字）:	
利益相关方 （签字）:		项目支持人 （签字）:	

2. 普及真因分析能力

项目确定了要解决的问题，但列出的问题可能只是表象，并不一定是需要解决的问题，绩效改进者需要找到问题产生的深层次原因，那才是需要解决的关键问题。只有找到问题产生的真正原因（以下简称真因），才能高效地解决问题。绩效管理者需要普及真因分析的能力，监测分析工具在项目开展中的应用情况，以此保障绩效改进的效率。

表 4–7　真因分析能力评价表

类别	检查项	确认
工具		
1	是否拥有分析真因的工具清单，如五个为什么、新旧质量控制七工具、价值流程图等?	□
2	是否制作了分析工具的使用指南，包含应用的具体案例?	□
3	是否为使用工具提供了便利，如表格、软件等?	□
能力		
1	是否有人能够讲授真因分析工具的使用?	□
2	是否全员接受了真因分析工具的培训?	□
3	是否全员通过了分析工具知识的考核?	□
4	是否全员拥有使用工具所需的设备或软件?	□

续表

类别	检查项	确认
应用		
1	制度中是否对真因分析工具的使用作了规定?	☐
2	是否所有项目都应用了真因分析工具（工具类别不限）?	☐
3	对未进行真因分析的项目是否做了反馈和整改?	☐

3. 优化方案设计水平

方案设计和选择是绩效改进的重要环节，是为了应对某些问题、机会或挑战，识别并确定最佳干预措施的过程。方案的选择对于绩效改进的最终效果起决定性的作用。绩效管理者需要管控绩效改进的方案水平，才能提高绩效改进的最终效率。

绩效管理者需要确保每一次的绩效改进方案都是最优解，也就是说每一个项目的改进措施不能只找一个，而是应该尽可能穷尽解决方法，从中选择最优的一个作为最终解决方案。在选择最优方案时，要结合吉尔伯特行为工程模型，按照“先技控再人控”的思路，优先选择对环境因素的干预措施，综合考虑必要性、实用性、可行性、经济性和支持度等多个方面。

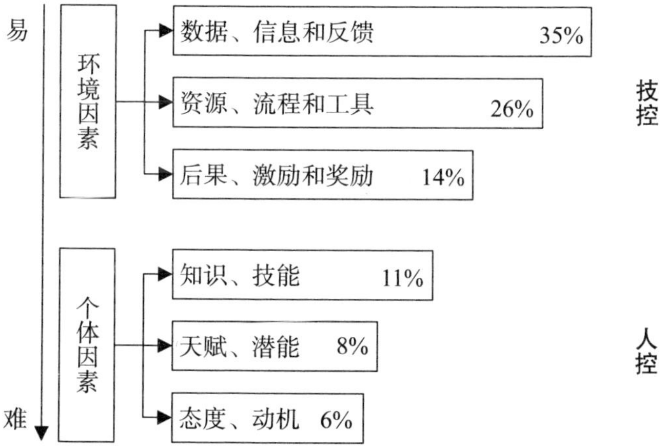

图 4-1 吉尔伯特行为工程模型

表 4–8 方案优选矩阵

项目名称								
项目组长			方案性质					
评估要素			可选方案 A		可选方案 B		可选方案 C	
要素分类	要素名称	要素权重	评分	加权分数	评分	加权分数	评分	加权分数
必要性		无	无	通过 / 不通过	无	通过 / 不通过	无	通过 / 不通过
		无	无	通过 / 不通过	无	通过 / 不通过	无	通过 / 不通过
		无	无	通过 / 不通过	无	通过 / 不通过	无	通过 / 不通过
实用性								
可行性								
经济性								
支持度								
汇总								

4. 跟踪改进实施效果

绩效评估是绩效改进的前提，所以以绩效改进为目的的绩效管理机制，应当在项目过程中给予持续评估和反馈，即先有评估，然后再有改进。不论是自上而下的机制，还是自下而上的机制，都要通过绩效评估对现状进行测量，明确差距。如果缺少了过程评估的环节，没有及时反馈，仅仅等到项目结束时才进行结果评估，再制订改进计划为时已晚，有悖于“绩效管理要促进绩效达成”这一初衷。

绩效改进的效果跟踪是一个常态化的工作，应当在项目的过程中持续实施，不论是拆解及重新设计（TDR）还是目标与关键成果法（OKR），都要求每周对项目进度进行回顾，及时纠偏。绩效管理者要督促各个项目进度过程中的反馈，了解反馈的频次，制订反馈计划并进行实施情况的跟踪。

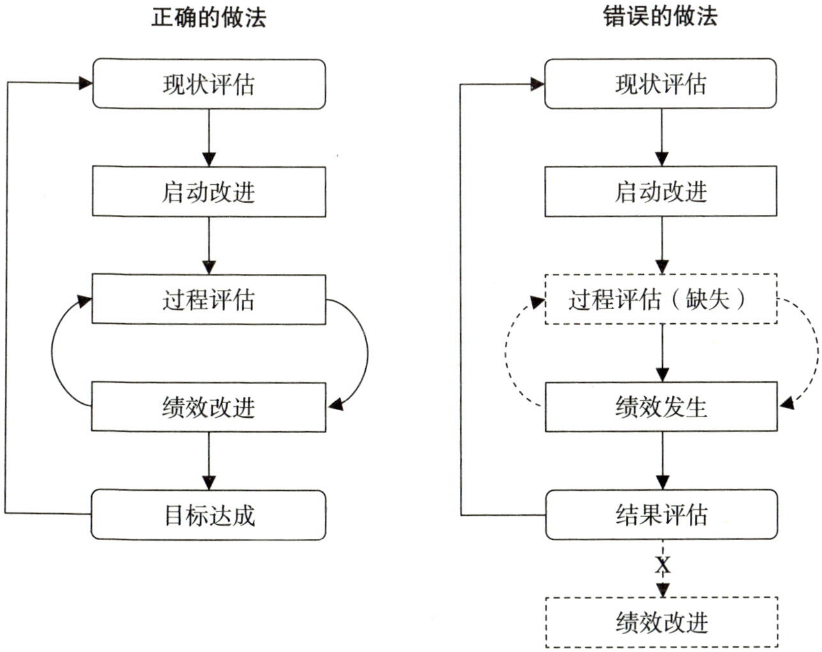

图 4-2 绩效改进的流程

第三节 | 绩效管理的业务流程

根据绩效管理要解决的根本问题的不同，绩效管理的业务流程也分为两类，一类是以完成绩效评估为目的的流程，一类是以绩效改进为目的的流程。在每一类流程中，绩效管理者都要进行设计，确保可以收集到量化管理所需的数据。

（一）绩效评估流程

绩效评估流程是一个完整的系统，它由绩效计划、绩效实施与管理、绩效评估、绩效反馈、绩效申诉等环节构成。

1. 绩效计划

绩效计划是绩效评估流程中的第一个环节，发生在新的绩效期间的开始。制订绩效计划的主要依据是工作目标和工作职责。绩效计划并不是在制订以后就一成不变，随着工作的开展，会根据实际情况进行调整。在绩效计划阶段，管理者和员工之间需要在对员工的期望问题上达成共识。在此环节，绩效管理者可以收集到绩效评估的目的、周期等数据。

2. 绩效实施与管理

制订了绩效计划之后，员工就开始按照计划开展工作。在工作的过程中，管理者要对被评估者的工作进行指导和监督，对发现的问题及时予以解决，并对绩效计划进行适时调整。在此环节，绩效管理者可以收集到绩效的进度数据。

3. 绩效评估

在绩效期结束的时候，依据预先制订好的计划，管理者对下属的绩效目标完成情况进行评估。在绩效实施与管理过程中，收集到的能够说明员工绩效表现的数据和事实，可以作为判断员工是否达到关键绩效指标要求的证据。在此环节，绩效管理者可以收集到绩效结果数据。

4. 绩效反馈

完成绩效评估后，管理者需要与下属进行一次面对面的交谈。通过绩效反馈，使下属了解管理者对自己的期望，了解自己的绩效，认识自己有待改进的方面；并且，员工也可以提出自己在完成绩效目标中遇到的困难，请求上司的指导或帮助。在此环节，绩效管理者可以收集到绩效满意度等数据。

5. 绩效申诉

如果员工对于绩效评估的结果有异议，可以向绩效管理委员会提出异议，请求绩效管理委员会进行重新评估。绩效管理委员会根据收到的线索，对绩效评估的各个环节进行核查，根据核查的结果给予员工及其管理者反馈。在此环节，绩效管理者可以收集到绩效系统运行的稳定性等数据。

（二）绩效改进流程

绩效改进就是一系列提高工作效率的活动，它由项目立项、项目实施、项目跟踪和管理、项目评估四个环节构成。

1. 项目立项

项目立项是绩效改进的第一个环节，如前面章节所述，立项分为自上而下和自下而上两种方式，但在申报立项的内容上都是相似的。在这一环节，绩效管理者可以收集到项目相关的基本信息、绩效改进的目标值等数据。

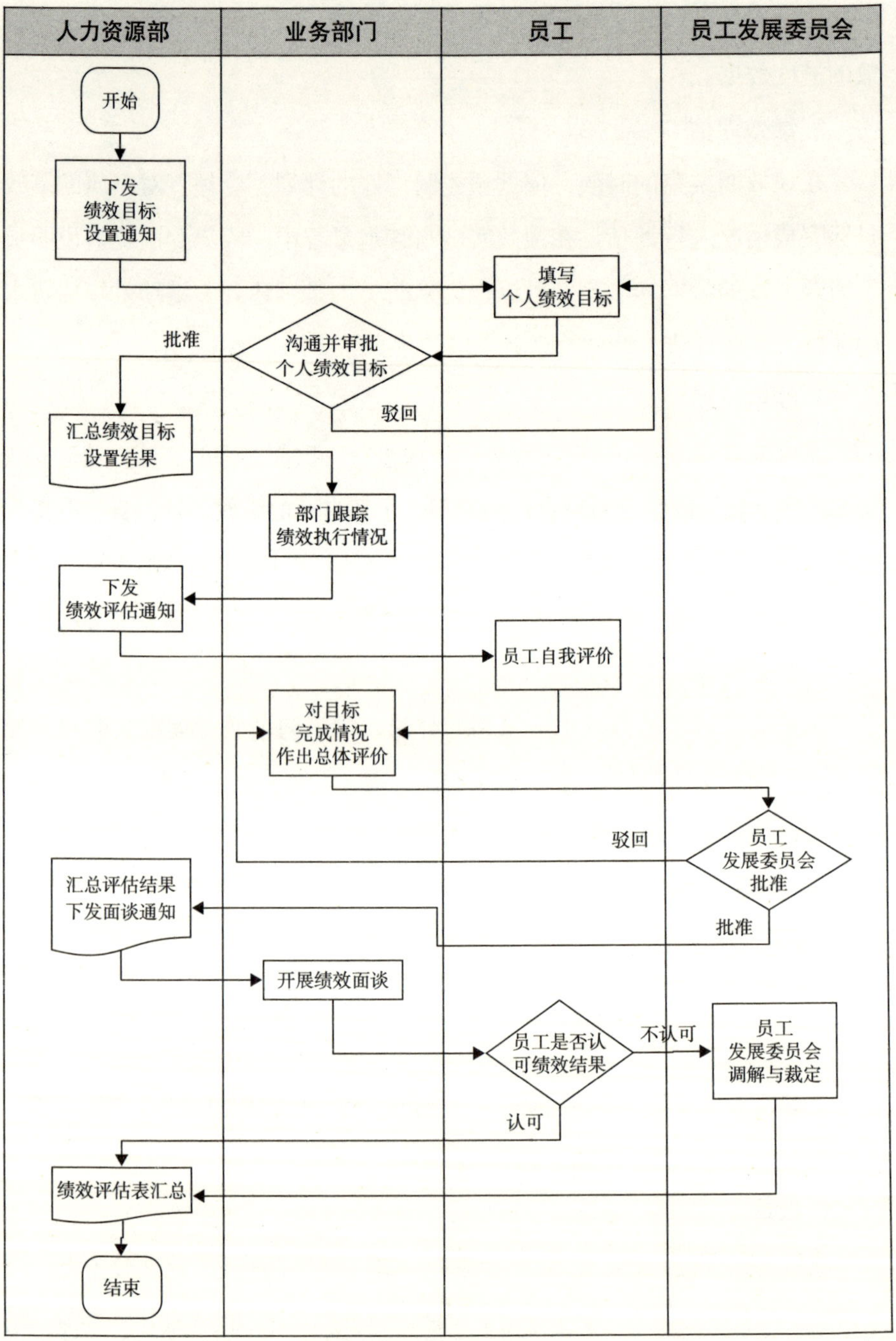
人力资源部
业务部门
员工
员工发展委员会
开始
下发
绩效目标
设置通知
填写
个人绩效目标
批准
沟通并审批
个人绩效目标
驳回
汇总绩效目标
设置结果
部门跟踪
绩效执行情况
下发
绩效评估通知
员工自我评价
对目标
完成情况
作出总体评价
驳回
员工
发展委员会
批准
汇总评估结果
下发面谈通知
批准
开展绩效面谈
员工是否认
可绩效结果
不认可
员工
发展委员会
调解与裁定
认可
绩效评估表汇总
结束

图 4–3　绩效评估流程

2. 项目实施

项目立项后，员工就可以按照项目计划开展绩效改进工作了，这一过程中最重要的事项是绩效差距原因分析，找到根本原因之后选择最优的项目方案。在这一环节，绩效管理者可以收集到真因分析能力、项目最优方案等数据。

3. 项目跟踪和管理

在项目实施的过程中，对于项目的跟踪和及时反馈是非常必要的，特别是作为企业一把手，要建立专项机制了解项目进展，并对项目的推进方向给出建议。在这一环节，绩效管理者可以收集到项目的进度、项目的预期收益等数据。

4. 项目评估

在项目的最后阶段，是对项目最终达成目标的情况进行评估，核算项目最终创造的价值或者节约的成本，并对项目进行总结，给予项目参与人员表彰。在这一环节，绩效管理者可以收集到项目完成率、项目价值等数据。

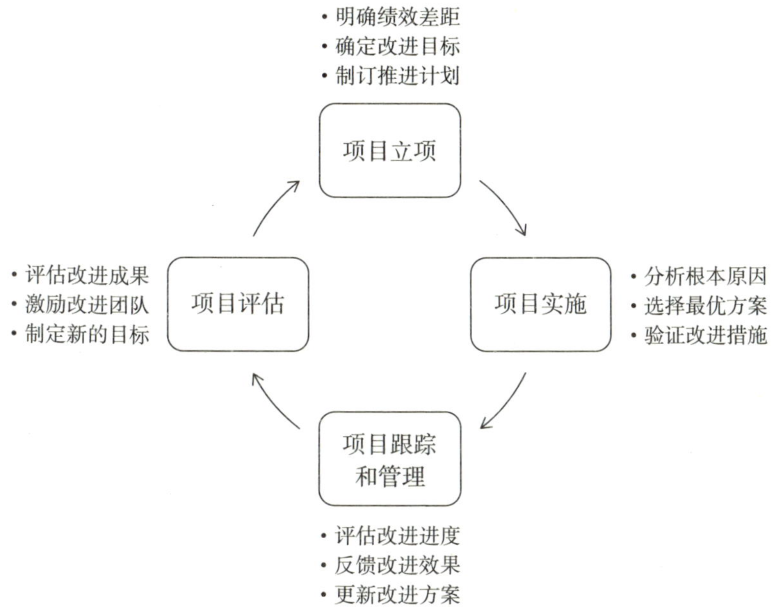

图 4–4 绩效改进流程

第四节 | 常用的绩效管理量化指标

根据量化分析的层次，指标可以分为描述型指标、分析型指标和预测型指标。本节具体罗列了常用的绩效管理量化指标。

（一）描述型指标

绩效结果

【定义】绩效的达成情况。

【数据来源】绩效评估结果。

评估总人次

【定义】所有绩效评估活动的人数之和，反映绩效评估的工作量。

【公式】评估总人次 $=\sum_{1}^{n}$ 单次评估人数

【数据来源】绩效评估结果。

评估总人数

【定义】评估覆盖的总人数，多次评估的不重复计算。

【公式】评估总人数 $=\sum_{1}^{n}$ 评估覆盖的新对象数

【数据来源】绩效评估结果。

绩效评估满意度

【定义】用于反映学员对绩效评估的满意程度。

【数据来源】绩效评估满意度调查。

（二）分析型指标

绩效达成率

【定义】用于评估绩效目标的达成情况。

【公式】绩效达成率 = 绩效实际值 ÷ 绩效目标值

【数据来源】绩效评估结果。

绩效综合达标率

【定义】所有绩效目标的达成比率。

【公式】绩效综合达标率 = $\prod_1^n$ 单个绩效目标的达标率

【数据来源】绩效评估结果。

绩效分布

【定义】各等级的人员分布比例。

【公式】某等级分布比例 = 某等级人数 ÷ 评估总人数

【数据来源】绩效评估结果。

技控方案占比

【定义】用于反映全部改进方案中技控措施的占比。

【公式】技控方案占比 = 技控方案数 ÷ 选定的绩效改进方案总数

【数据来源】方案优选矩阵。

（三）预测型指标

绩效改进预期收益

【定义】用于反映绩效改进活动的收益。

【公式】绩效改进预期收益 = $\sum_1^n$ 单一绩效改进项目收益预期

【数据来源】绩效改进申报表。

绩效评估能力

【定义】反映全体绩效评估人的评估能力。

【公式】绩效评估能力 = $\prod_1^n$ 单个评估人的评估能力

【数据来源】绩效评估能力检查表。

绩效评估环境成熟度

【定义】反映全体员工的评估准备情况。

【公式】绩效评估环境成熟度 = $\prod_1^n$ 单个被评估人的准备度

【数据来源】绩效评估环境检查表。

真因分析能力

【定义】反映综合的问题分析能力。

【公式】真因分析能力 = $\sum$ 检查表单项得分

【数据来源】真因分析能力检查表。

第五章　培训发展的量化

第一节 | 培训发展要解决的根本问题

说起培训的价值，我听过一个小故事。有一次，某一位知名企业家的下属向他提交了一份关于开展领导力培训的申请，让人没料到的是，该企业家不仅批准了项目，还在项目收益那部分画了个无穷大的符号。此后，培训价值不可估量的说法就传开了，培训管理人员对此津津乐道，颇有感到被认可和受重视的意味。这只不过是一个故事，可培训管理人员都愿意相信这是真的，因为体现培训发展工作的价值实在太难了。

如同判断其他工作的价值一样，判断培训发展工作的价值，仍然要从它解决了企业的哪些问题入手。培训发展能解决哪些问题呢？汇总起来，就是两个，一个是要能够提升组织的和员工的绩效，解决的是当前的问题，让绩效从欠佳到达标；一个是要能够支持组织未来战略的达成，解决的是将来的问题，让战略从筹划到落地。

在绩效达标方面，培训发展的工作包括新员工培训、上岗前培训、转岗培训、晋升类培训、文化类培训等。这类培训都是为了企业正常运转必须开展的，是不得不支付的成本。比如，开展新员工培训，既有让新员工能够快速融入企业的目的，更是法律法规、体系管理的要求。生产型企业的新员工必须接受安全相关的培训，《生产经营单位安全培训规定》第十三条第一款规定：“生产经营单位新上岗的从业人员，岗前安全培训时间不得少于24学时。”次如，上岗前培训，一般指的是资格认证类的培训。有些是外部的认证，如会计资格证、律师资格证等，从事特种作业、操作特种设备的人员必须持证上岗都是这一类。有些是内部的认证，如转岗人员的培训，确保新转来的员工掌握了新岗位的工作要领，就属于这一类。再如，晋升类培训，是针对新晋升的管理人员的，目的是为员工的角色转变提供支持，确保新晋者能够快速胜任新的岗位。又如文化类培训，包括企业文化介绍、团队建设活动等，员工援助计划（Employee Assistant Plan，EAP）也属于这一类。通过对企业文化、制度流程等的介绍，让员工掌握相关的知识和技能，减少文化对绩效达成的影响。

图5–1　培训发展要解决的根本问题

基于这一点，培训发展的人都知道“绩效差距分析”的重要性，它是培训发展的工作基础。开展这类培训，企业需要支出成本，但不开展这类培训，企业一样会面临绩效损失，培训成本低于绩效损失时，企业就能够获得收益。但是，据此认为培训应该在绩效问题实际产生之后再开展也是错误的。因为培训本身就是为了保证绩效达成，在绩效类培训做得好的情况下，企业绩效不应该产生问题。培训并不需要那么滞后，做得好的培训应该提前预判绩效问题的产生，进行提前干预。

表 5-1 常见的公司新员工入职培训课程清单

课程名称	课程大纲	学时	设置原因
公司介绍	- 公司历史 - 公司产品 - 公司文化	2	让新员工快速适应企业环境，实现文化融入。
人事制度	- 薪酬制度 - 考勤制度 - 绩效考核 - 员工纪律 - 荣誉体系 - 职业发展	2	为后续劳动关系管理和劳动风险防范奠定基础。
安全管理	- 安全生产理念 - 安全生产条例 - 安全要素分析 - 职业健康安全	4	为员工进行安全培训，保证其具备本岗位安全操作、应急处置等知识和技能。
环境管理	- 环境管理方针 - 环境危害因素 - 应急事项处置	2	环境相关法律法规、环境管理体系均要求，企业应建立环境教育培训管理制度。
质量管理	- 质量管理理念 - 质量控制方法 - 质量管理流程	2	质量管理体系的要求，所有的员工及相关方应当知晓企业的质量管理体系。

在战略落地方面，培训发展的工作包括前瞻类培训、提升类培训、继续教育、选拔类培训、竞赛类培训等。这类培训并不是所有的企业都需要，只有在企业步入成长期，谋求进一步发展的时候才会开展，这是企业在人力资源方面的投资。所谓前瞻类培训，包括新技术、新形势的培训，行业动态的研究，参加行业学会、展会和论坛等。所谓提升类培训，是指员工的能力已能够完成绩效，出于发展的考虑，为员工提供的各方面的培训，可以是领导力培训，也可以是专业研修，还可以是技能训练。所谓继续教育，一般指学历提升方面的教育，当然也包括总裁班之类的管理研修项目。所谓选拔类培训，是为了甄选人才而针对后备人群开展的培训，与晋升类

培训不同，这类培训是在晋升前开展的，因此培训对象的范围比晋升类培训要大。所谓竞赛类培训，是为了参加某项比赛而组织的专项培训，可以是企业内部的竞赛，也可以是国家级甚至世界级的竞赛。

综上，培训发展的价值就在于能够帮助企业达成绩效目标和实现战略落地。其中，解决绩效方面的问题是对培训发展的基本要求，要确保所有员工的能力能够支撑绩效目标的达成。解决战略方面的问题是对培训发展的投资期望，是相信参训员工的能力能够支撑战略目标的落地。

在管理方面，企业对于不同类型的培训应当采取不同的管理策略。对于绩效相关的培训，应当从成本管理的角度来管理，方向是用最少的成本达成培训目标，培训应该持续提高成本效率。对于战略相关的培训，应当从投资管理的角度来管理。不同于成本，投资是面对竞争环境，基于收益预期和风险评估的主动投入，管理的方向是用最低的风险支撑企业战略，培训应该持续提高投资回报。

如果用管投资的方法管理成本类培训，能节约的时候过度包装，培训的内容必然脱离需求，就会造成培训的形式化。如果用管成本的方法管理投资类培训，该投入的地方斤斤计较，培训的内容自然无法深入，就会造成培训的表面化。不论是哪种情形，结果都是企业资金的浪费。

第二节 | 根本问题的量化分析

培训发展的价值在于能够帮助企业达成绩效目标和实现战略落地，所以对培训发展的量化，就是为了评估培训发展是否提升了企业达成绩效目标和战略目标的能力。

（一）绩效类培训

绩效类培训做得好，可以描述为“培训高效地促使员工具备了达成绩效的能力”。为了实现这一目标，培训管理人员需要精准把握学习需求、系统保障学习过程、扎实评估个人水平、全面掌握员工能力、持续提高成本效率。

1. 精准把握学习需求

企业培训需求分析作为培训计划方案制定和培训活动开展的前提和基础，培训需求分析着重解决企业为什么培训、对谁培训、培训什么、怎样培训等问题，指导培训活动的进一步开展。从成本角度讲，实施培训的最大成本实际上是员工因参加培训而失去生产工作时间，它和培训差旅费合计占总成本的大部分。而培训措施本身的直接成本，包括课程设计开发的费用，只占总成本的小部分。因此，在进行培训前，进行科学的分析以找出培训的依据是一项重要的活动，它关系到企业培训计划的制订是否合理、企业培训内容设置是否妥当等，进而关系到培训是否收到理想效果。

任务分解、能力识别是绩效类培训需求量化管理的基础，将工作岗位的职责要求分解为对人的具体的能力要求和评价标准，可以通过岗位能力分解表来实现这一目标。此表用于明确完成岗位各职责、各任务所须具备的能力。岗位职责应基于职位描述进行罗列，不应有漏项，每项职责均应以一定的交付物为支撑。能力是指知识、技能，不包括态度意识类的内容。知识是指某一领域的专业理论、制度、流程等。技能是指专业工具、方法、技巧、系统的使用等。知识、技能应以能够达成绩效为标准明确要求，不划分等级，相关要求整理为能力描述。

表 5–2　岗位能力分解表

岗位能力分解表		能力项																						
岗位名称：________ 岗位编号：________ 编制成员：________ 编制日期：________																								
岗位职责																								

表 5–3　能力描述

能力项	评价标准（评判知识、技能能否满足职责要求的标准）

通过分解可以实现对培训需求的量化，可以收集到岗位数、能力项数、评价标准等可以量化的数据。

2. 系统保障学习过程

学习过程是响应培训需求，开展员工培训活动，进而实现培训目的的过程。学习过程应当是紧紧围绕能力提高进行设计，选择合适的学习活动、学习方式，匹配对应的学习资源和评估方式。

从培训管理的角度看，这一过程中培训管理人员需要完成以下工作：

① 制定培训部门的使命宣言。

② 制订年度培训计划。

③ 制定、监管和修改培训预算。

④ 确保培训遵守法律、合乎道德及规范。

⑤ 为培训职能赢得支持。

⑥ 管控多个培训项目的运行。

⑦ 选择外部顾问或培训师。

⑧ 建立内部讲师资源。

⑨ 制定培训宣传策略。

⑩ 管理培训相关的发布活动。

⑪ 建立和运营企业资源中心。

⑫ 培训工具的管理运营。

为了将相关的活动进行量化管理，学习地图、培训计划跟踪表、培训计划调整表、培训周期跟踪表等是常用的工具。

所谓学习地图是指以能力发展路径和职业规划为主轴而设计的一系列学习活动，是员工在企业内学习发展路径的可视化体现。学习地图是将能力需求转化为学习活动的重要环节，针对能力矩阵中的每个能力项，都应当设计对应的学习活动，同时，每个学习活动的设置也应当说明对应的能力项。

针对培训学习活动，也需要选择恰当的学习方式。学习方式包括课堂培训、在岗培训、脱岗培训、在线学习。

在明确了岗位职责、能力要求和学习活动之间的关系后，培训管理人员要做的就是确保资源。绩效类的培训是为了让员工满足岗位绩效要求设立的，是必不可少的活动，一定要制订资源计划，确保学习活动的正常开展。通过学习地图，培训部门可以收集到学习活动数、学习资源数、标准培训时长等数据。

表 5–4　学习地图

岗位学习地图						
岗位名称及编号：			编制成员：		编制日期：	
序号	能力项	学习活动	学习方式	时长	学习资源	评估方式

学习地图确定后，培训部门便可以结合年度的招聘计划、人才发展计划制订绩效类培训的实施计划。为了确保相关计划能够得到有效推进，培训计划要按照计划（Plan）、实施（Do）、检查（Check）、行动（Action）的PDCA循环进行跟踪，对于实施与计划有偏差的部分，应通过培训计划调整表对计划进行修正。

表 5-5　培训计划跟踪表

______年培训计划												
序号	类别	培训名称	培训形式	评估标准	培训对象	对象人数	学时数	培训期次	培训日期	预算	完成情况	备注

表 5-6 培训计划调整表

培训计划调整表														
序号	调整类型（变更/新增/取消）	调整原因	类型	部门	培训目标	培训名称	培训对象	培训人数	培训小时数	计划开始时间	计划结束时间	预算总额	培训形式
			现计划										
			原计划										

培训计划跟踪表中包含了课程数、对象人数、学时数、培训期次、预算等数据。培训计划调整表中则记录了课程变更的相关数据。这些数据是量化培训管理的基础。

3. 扎实评估个人水平

培训始于需求调研和分析，终于评估与反馈。培训的效果如何，最终反映在员工个人的能力上，通过个人能力评估判断培训工作的作用。需求与评估，构成了一个完整的培训工作闭环，通过不断螺旋式上升的循环，培训工作才能不断提升和发展。

培训评估与反馈需要对学员的知识、技能掌握情况进行评价，考试是有效的理论知识评价方法，实操是有效的实践技能评价方法。培训评估的标准应与岗位中能力项的评估标准保持一致，评估的结果就是“通过”或者“不通过”，只有员工通过了岗位相关所有能力项的评估，才能在能力上胜任职责要求。

个人能力评估表就是将员工与岗位能力项进行关联的表格，通过该表可以看到每名员工在各项能力上的评估情况，也可以看到每个能力项上每名员工的评估结果，以此可以收集到某个岗位胜任员工数、每项能力的达标员工数等。个人能力评估表还起到将评估结果及时呈现的作用，解决管理中评估而不反馈，或者反馈不及时的问题。

表 5–7　个人能力评估表

个人能力评估表		能力项																							员工能力均值	员工胜任情况
岗位名称：________ 岗位编号：________ 评 估 人：________ 更新日期：________																										
员工列表																										
能力均值																										

填表说明：

1. 此表用于呈现某一岗位全体员工的能力掌握情况。

2. 能力评估结果分为“1– 尚未掌握”“2– 独立操作”“3– 指导他人”三个层级，用 1 ~ 3 分呈现便于统计。

3. 尚未掌握：员工在该能力项上未通过考核，该领域需要他人指导。

4. 独立操作：员工在该能力项上通过考核，能够独立开展工作。

5. 指导他人：员工在该能力项上经验丰富，能够辅导新人。

6. 员工胜任情况：所有岗位所需的能力项，得分均在 2 分以上，则代表胜任。

培训周期跟踪表是对员工达标时长的统计，是记录每名员工从岗位发生异动到达到岗位胜任能力标准的时长。通过这一表格，可以计算每一个岗位的平均培训周期，如果加以目标管理，可以持续提升绩效类培训的效率。

表 5–8　培训周期跟踪表

序号	姓名	部门	岗位名称	异动日期	期望达标日期	达标评价结果	实际达标日期	评估人

填表说明：

1. 此表用于统计每名员工绩效类培训的培训周期，每名员工的每次异动都应有所记录。

2. 异动日期既包括入职、转岗、晋升等岗位变动日期，也包括企业文化培训等活动启动日期。

3. 达标评价是根据岗位能力标准进行的评价，是判断实际达标日期的标准。

4. 全面掌握员工能力

培训评估的另一个层面，是对全体员工的能力评估。组织能力汇总表可以让管理者清楚地了解团队成员的岗位胜任情况，每个岗位的人员配备情况，有利于岗位人才梯队建设，也有利于人才的职业生涯规划。

这里所指的组织能力是指全体员工的能力水平，并不包含员工意愿和员工治理相关的内容。通过表格可以统计员工胜任的岗位数、某岗位胜任员工数进而计算部门的多技能比率。

表 5–9 组织能力汇总表

组织能力汇总表		岗位名称																							多技能情况
部门名称：________ 部门编号：________ 评 估 人：________ 更新日期：________																									
员工列表																									
人才梯队情况																									

填表说明：

1. 此处的组织能力是指某一团队成员的岗位胜任情况及梯队建设情况。
2. 每个人与岗位之间的胜任关系应与《个人能力评估表》一致。
3. 多技能率的计算公式为：所有员工可胜任岗位数之和 ÷ 员工数与岗位数之积。

5. 持续提高成本效率

绩效类培训需要从成本管理的角度进行管理。企业成本管理常用的四种方法有：基于经验的成本管理方法、基于历史数据的成本控制方法、基于预算的目标成本控制方法、基于标杆的目标成本控制方法。培训部门根据岗位能力分解表等收集到的数据，就为使用上述方法对培训工作的成本效率进行分析提供了支撑。

基于经验的成本管理方法，是管理者借助过去的经验来实现对管理对象进行控制，从而追求较高的质量、效率和避免或减少浪费的过程。例如，经验告诉我们，对新员工组织团建有助于其快速适应岗位，因此企业应该组织新员工团建。

基于历史数据的成本控制方法，根据历史上已经发生的成本，取其平均值或最小值作为当前阶段或下一阶段的最大成本控制标准。例如，从培训周期跟踪表的历史统计看，某岗位新员工的最短培训周期为7天，那么管理者就可以将7天作为目标，要求今后的新员工能力必须在7天内达到上岗标准。

基于预算的目标成本控制方法，在培训项目开始前，确定项目的预算，包括预算的金额、来源、使用要求等，以此控制成本。例如，培训计划跟踪表中体现的，每一项培训活动都要确定一个预算，原则上应该按照计划实施。

基于标杆的目标成本控制方法，是把做得好的企业培训作为示范，按照优秀的标准来管理培训成本的方法。例如，同行业里同规模的A企业培训做得最好，那本企业就以A企业的标准来管理培训成本。

案例：新员工上岗培训的量化

M公司是一家大型制造业企业，生产线员工流动率较高，新招聘的员工培训周期较长，上岗后也容易造成质量问题。为此M公司实施了新员工上岗培训优化，制定了三年内独立上岗培训时间压缩50%的目标。

M公司梳理了每个岗位的工作要求，包括标准作业要求和标准作业时间。然后，在新员工上岗培训过程中，针对目标岗位进行集中培训，确定员工预期独立操作的时间。在培训达到考核标准后，新员工上岗，由师傅带着一起适应岗位。培训员每天向师傅了解新员工的上岗情况，登记在培训周期跟踪表中，对于难以在预期时间内独立操作的员工，培训员和师傅会制定强化培训方案，单独进行培训。每一期新员工上岗后，培训员会与所有师傅共同回顾培训过程，不断优化培训课程设置，上岗培训的周期得到逐步优化。

（二）战略类培训

战略类培训做得好，可以描述为“培训有效地促使员工储备了实现战略的能力”。为了实现这一目标，培训管理人员要做的是明确项目预期、设定学员标准、充足资源配备、推动项目进展、优化投资收益。

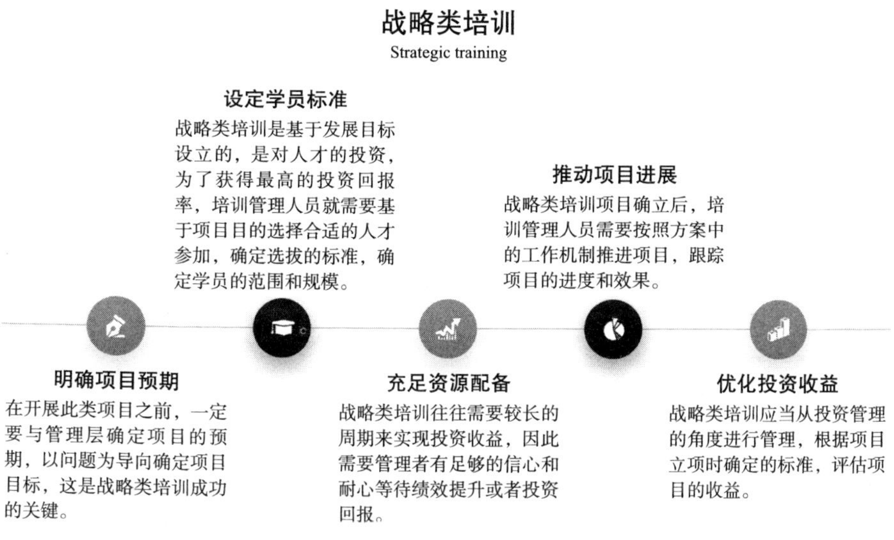

图 5-2　战略类培训的关键要素

1. 明确项目预期

与绩效类培训的需求来自岗位，来自绩效目标不同，战略类培训没有相对稳定的需求，而是基于战略需求产生的，战略变化就会带来培训需求的变化。所以，在开展此类项目之前，一定要与管理层确定项目的预期，以问题为导向确定项目目标，这是战略类培训成功的关键。在这一阶段，培训管理人员需要完成以下工作：

①说明项目发起的目的。培训项目的发起要以战略的发展为出发点，阐述相关目标实现在员工能力方面的需求。

②分析员工能力的现状和问题。基于战略的能力需求，分析现有员工的能力现状，找到能力差距，包括能力水平的差距，能力规模的差距等。

③提出能力提升的目标。以保障战略目标达成为方向，根据员工能力现状的分析结果，确定能力提升的具体目标，同时体现战略目标达成预期。

④制定能力提升的方案。针对战略目标和能力提升目标，需要开展培训活动，具体包括培训对象、培训内容、评估标准、项目周期、项目预算、实施计划、推进机制等。

这一阶段的数据包括业务目标、人员能力、人员规模、培训目标、培训周期、评估标准等。

2. 设定学员标准

绩效类培训的对象是固定的，即员工发生异动的时候，自然就成了培训对象，所以，绩效类培训并不需要专门划定学员范围。但是，战略类培训是基于发展目标设立的，是对人才的投资，为了获得最高的投资回报率，培训管理人员就需要基于项目目的选择合适的人才参加，确定选拔的标准，确定学员的范围和规模。

表 5-10 项目成员条件表

项目类别	项目目的	学员条件
前瞻类培训	企业期望掌握技术、市场的发展趋势，为未来战略制定提供方向。	中高层管理人员，技术领域专家。
提升类培训	企业期望提高自身组织能力，在技术、管理等方面有所突破。	关键岗位人员，中高层管理人员。
继续教育	企业期望留住核心关键人才，同时提升人才的专业水平。	关键岗位核心人员。

续表

项目类别	项目目的	学员条件
选拔类培训	企业期望从较大范围发掘并任用一批优秀人才，同时做好人才储备。	符合基本条件的人员。
竞赛类培训	企业期望提高总体技术专业水平，营造“比学赶帮超”的学习氛围。	符合基本条件且无获奖经历的人员。

通过学员标准的设定，培训管理人员可以收集到学员的范围、学员的规模等数据。

3. 充足资源配备

战略类培训往往需要较长的周期来实现投资收益，因此需要管理者有足够的信心和耐心等待绩效提升或者投资回报。在企业的成长期，开展对战略类培训的投资是相对容易的，但在企业经营压力较大的时候，管理者往往会把培训预算作为首要的节约事项，此时投资久而收益不确定的战略类培训自然会成为首选目标。因此，培训管理人员要从投资管理的角度推进战略类培训，对于项目进展顺利、预期成果显见的项目应当持续执行，对于超期或者效果不定的项目要及时止损。

在项目推进中，除了预算资源外，更重要的是人力资源的保障。所有战略类的培训都应当成立单独的项目小组，由企业高管担任组长，只有这样才能保证培训效果与公司战略的一致性，才能实现多方资源的灵活调度。

表 5–11　项目成员职责表

项目角色	人员构成	主要职责
项目组长	公司总裁或总经理	1. 项目的第一责任人。 2. 负责审批项目方案。 3. 负责确定项目成员。 4. 负责监控项目进度。 5. 负责验收项目成果。 6. 出席项目启动、结项等重要活动。

续表

项目角色	人员构成	主要职责
项目副组长	人事总、财务总、业务总	1. 项目的主要执行人。 2. 负责审核项目方案。 3. 负责选拔项目成员。 4. 负责调度项目资源。 5. 负责保障项目进度。 6. 负责审核项目成果。
项目推进办公室	人力资源总监、财务总监、业务部门总监	1. 项目的具体推进者。 2. 负责拟订项目方案。 3. 负责推荐项目成员。 4. 负责按方案推进项目落地。 5. 负责核算项目成果。
项目组成员	人力资源经理、财务经理、业务成员	1. 按要求完成培训项目。 2. 通过项目的相关考核。 3. 将项目所学应用到工作中。

预算是该阶段可以收集到的主要数据。

4. 推动项目进展

战略类培训项目确立后，培训管理人员需要按照方案中的工作机制推进项目，跟踪项目的进度和效果。对于项目进度，可以通过计划数、完成数来统计，也可以通过时间进度来统计。对于项目效果，可以通过能力目标的达成情况进行反映，也可以通过业务目标的达成情况进行反映。

表 5-12　项目计划表

序号	阶段	业务内容	交付物	日期	负责人	完成情况	备注
1	筹备阶段	方案准备	项目方案				
2		项目审批	立项批文				
3		人员选拔	项目成员				
4		资源准备	项目资源				

续表

序号	阶段	业务内容	交付物	日期	负责人	完成情况	备注
5	启动阶段	启动会筹备	会议邀请				
6		启动会组织	启动会				
7		项目启动通知	启动通知				
8	实施阶段	培训项目组织 –1 期	培训活动记录				
9		培训项目组织 –2 期	培训活动记录				
10		培训项目组织 –3 期	培训活动记录				
11		……	培训活动记录				
12		阶段成果评估	评估结果				
13	结项阶段	项目总结	总结报告				
14		总结会筹备	会议邀请				
15		总结会组织	总结会				

5. 优化投资收益

战略类培训应当从投资管理的角度进行管理，根据项目立项时确定的标准，评估项目的收益。不同类型的培训，收益计算依据是不同的，除了可以计算单个项目的收益外，还可以与同行业的项目投入情况对标，评估培训收益水平。

表 5–13　培训项目收益计算

培训类型	收益计算依据
前瞻类培训	针对项目假设，从机会成本的角度分析收益。
提升类培训	围绕问题解决，基于对业务带来的改善评估收益。
继续教育	根据人员流失风险，将人员补充成本作为收益。
选拔类培训	以目标岗位市场价值为基础，将绩效风险作为收益。
竞赛类培训	基于能力与业务的逻辑关系，将预期业绩提升作为收益。

案例：专项高技术人才培养的量化

M公司每年都会从国外引进一些新项目，由于能力上的不足，在每个项目落地国内的过程中，都要依赖外国专家的技术指导，每个项目都会产生巨额的技术转移费用，工期也得不到保证。为了提升自身技术水平，突破“卡脖子”环节，降低项目导入成本，M公司决定实施“项目导入专家培养项目”计划。

M公司先梳理了过去各个项目的工时分布情况，将单个项目国外专家工时占比不高于30%作为三年内的项目总目标，同时，将总目标按照技术领域进行分解，确定了每个技术领域的人员能力要求和数量要求。接着，M公司针对核心领域，选拔了一批骨干工程师，制订了详细的培训计划，设置了专项的培训预算。每半年，M公司会对培训计划的实施情况进行回顾，确定骨干工程师的能力评估水平，骨干工程师总体规模等。最终，经过三年的努力，M公司顺利达成了人才培养的目标，同时完成了项目总目标。

第三节 | 培训发展的业务流程

核心问题的量化，应当与日常工作相结合，因此，业务流程的设计就非常关键。概括来讲，培训发展的业务流程可以总结为两个循环，大循环是培训管理，小循环是课程运营。大、小循环的每个环节都应有对应的流程支撑。培训管理人员就是需要在这两个循环中，实现对培训发展数据的收集，实现管理的量化。

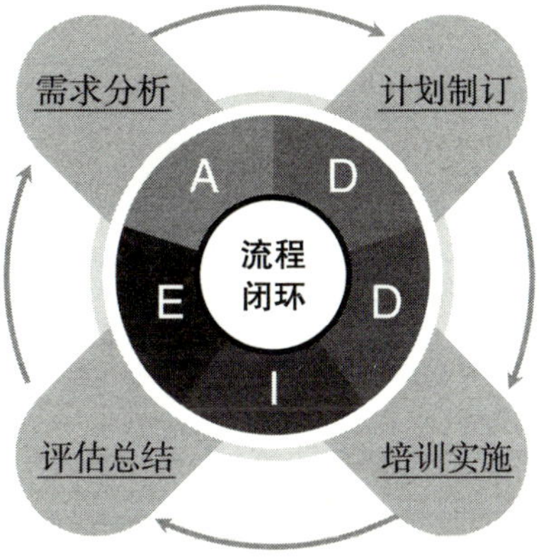

图 5-3　培训发展的流程闭环

培训管理是一个较大的层面，这个大循环上的培训需求分析是指周期性的管理活动，通过每年开展的培训需求调研，明确企业战略推进对人力资源能力的要求，为总体的培训开发工作制定目标。培训设计及资源开发是指培训体系、培训资源方面，为了满足培训需求，需要作出调整，产出就是年度的培训计划。培训活动的实施则指企业的培训开发制度，明确企业以何种形式跟踪培训计划的落实，员工又当以何种方式参加培训。培训开发结果的评估是指年末对全年工作开展情况进行总结，重点包括人员是否满足了当年企业战略对人力资源的能力要求，培训计划是否得到落实，培训经费是否获得收益等。

课程运营是一个较小的层面，是年度培训计划中每个课程都需要完成的工作，这个小循环上的培训需求分析是指针对学员开展的需求调研，明确某个培训的预期产出，对培训开展后的目标进行设定。课程设计及资源开发是指为了确保培训效果的达成，讲师对培训的内容和形式进行设计的过程，如案例的设计、培训形式的设计、教材的制作等。培训活动的实施是指学员参与培训，讲师与学员共同完成培训活动的过程。培训开发结果的评估是指课程结束后，对学员是否掌握了培训内容，培训目标是否达成，是否能够实现绩效提升做出衡量。

根据培训发展的业务流程，在流程体系设计中，主文件就分为两个：对大循环作出规定的培训管理流程，对小循环作出规定的培训运营流程。这两个主文件又分别对各个重要环节的具体操作方法作出规定，形成了子文件。每个子文件中所用到的表单，则涵盖了核心问题量化所需要使用的表格。

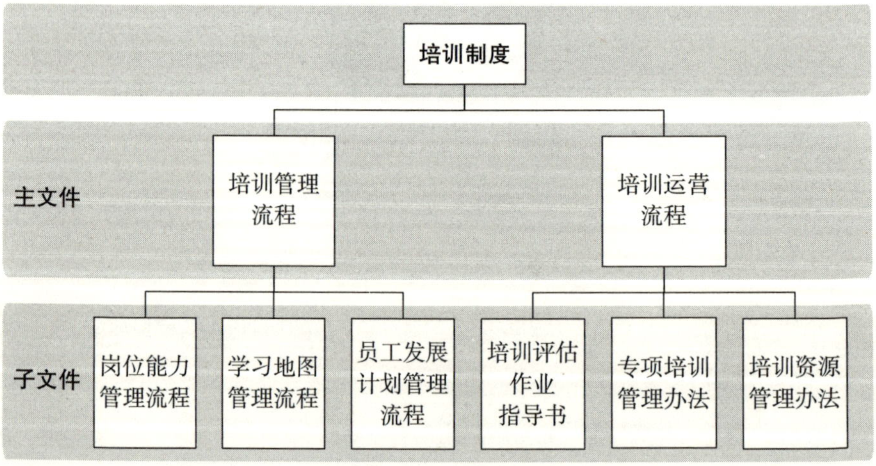

图 5–4　培训流程体系

培训管理流程是企业培训的总方针，用于对培训的总体目的、职责划分、项目类别等进行说明，是企业培训的纲领性文件。如果企业通过了ISO9000之类的体系认证，在该文件中，则应当对企业开展相关体系要求的培训作出规定。

培训运营流程是企业实施培训的指导性文件，对培训需求识别、培训计划制订、培训课程组织、培训评估的方法和责任作出规定，是每一个培训活动如何开展的具体指南。培训运营的流程与公司战略、绩效管理、员工发展都有密切的关系，流程中需要对这种相互关系进行说明，具体如图5-5所示。

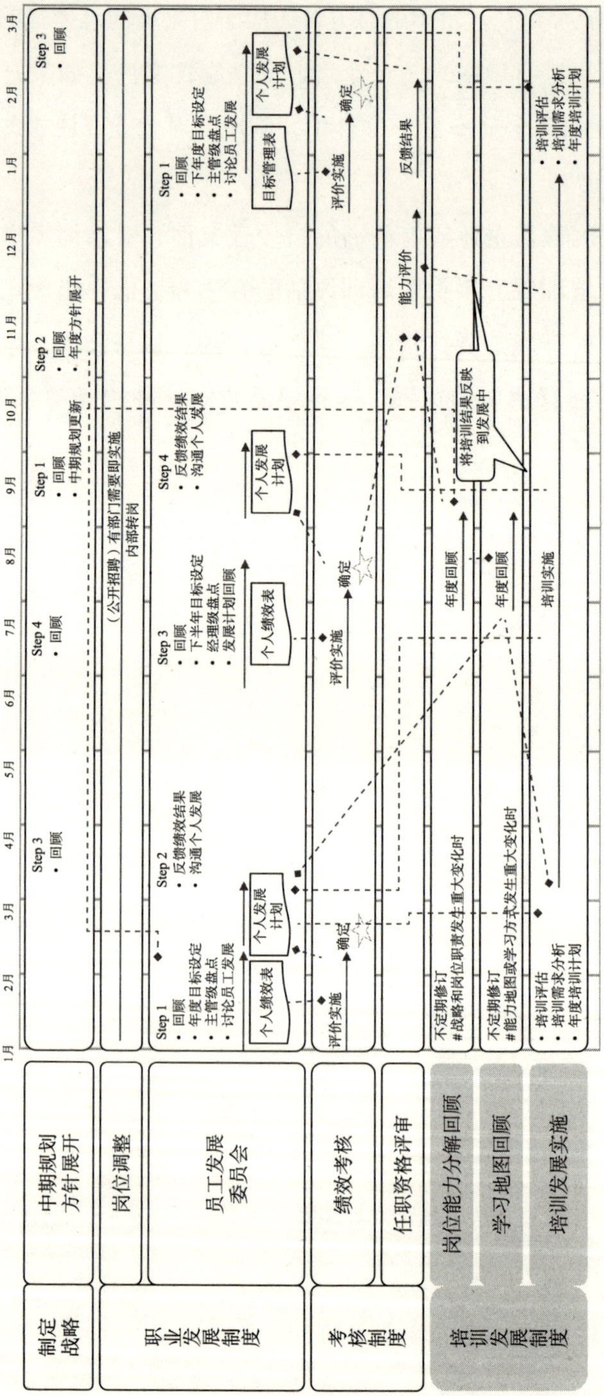

图 5-5　培训发展与其他板块的关系图

第四节 | 常用的培训发展量化指标

根据量化分析的层次，指标可以分为描述型指标、分析型指标和预测型指标。本节具体罗列了常用的培训发展量化指标。

（一）描述型指标

能力项总数

【定义】所有岗位分解出的能力项数之和。

【公式】能力项总数 = $\sum_{1}^{n}$ 单个岗位能力项数

【数据来源】岗位能力分解表。

岗位培训周期

【定义】单个岗位所有能力项的培训总时长。

【公式】岗位培训周期 = $\sum_{1}^{n}$ 单个能力项的培训时长

【数据来源】岗位学习地图。

培训总期次

【定义】所有培训的期数之和。

【公式】培训总期次 = $\sum_{1}^{n}$ 单个培训的期次数

【数据来源】培训计划跟踪表。

培训总课时

【定义】所有培训活动的课时之和。

【公式】培训总课时 = $\sum_{1}^{n}$ 单个培训的课时数

【数据来源】培训计划跟踪表。

培训总学时

【定义】所有培训活动的课时与对象人数之积的和。

【公式】培训总学时 = $\sum_{1}^{n}$ 单个培训的课时数 × 对象人数

【数据来源】培训计划跟踪表。

培训总人数

【定义】培训覆盖的总人数，多次培训的不重复计算。

【公式】培训总人数 = $\sum_{1}^{n}$ 培训覆盖的新对象数

【数据来源】培训计划明细表、培训记录。

培训总人次

【定义】所有培训活动的对象人数之和。

【公式】培训总人次 = $\sum_{1}^{n}$ 每期培训的对象人数

【数据来源】培训计划跟踪表、培训记录。

培训总预算

【定义】所有培训活动的预算之和。

【公式】培训总预算 = $\sum_{1}^{n}$ 每期培训的预算

【数据来源】培训计划跟踪表。

培训满意度

【定义】用于反映学员对培训的满意程度。

【数据来源】培训满意度评估表。

（二）分析型指标

培训普及率

【定义】用于评估培训活动覆盖的范围，最大值为 100%。

【公式】培训普及率 = 培训总人数 ÷ 员工总数

【数据来源】培训计划跟踪表、培训记录、员工花名册。

人均培训次数

【定义】用于评估员工参与培训的频次。

【公式】人均培训次数 = 培训总人次 ÷ 员工总数

【数据来源】培训计划跟踪表、培训记录、员工花名册。

人均培训小时数

【定义】用于评估员工培训的时长。

【公式】人均培训小时数 = 培训总学时 ÷ 员工总数

【数据来源】培训计划跟踪表、员工花名册。

培训占比

【定义】员工培训时长占工作时长的比例。

【公式】培训占比 = 人均培训小时数 ÷ 人均工作时长

【数据来源】培训计划跟踪表、考勤表。

培训计划完成率

【定义】用于评估培训计划的完成情况。

【公式】培训计划完成率 = 已完成培训计划数 ÷ 培训计划总数

【数据来源】培训计划跟踪表。

人均培训成本

【定义】用于评估员工培训的成本。

【公式】人均培训成本 = 培训总预算 ÷ 员工总数

【数据来源】培训计划跟踪表、员工花名册。

（三）预测型指标

能力均值

【定义】用于评估某项能力在内部的掌握情况。

【公式】能力均值 = $\sum_{1}^{n}$ 个人能力的评分 ÷ 能力相关总人数

【数据来源】个人能力评估表。

人才梯队成熟度

【定义】根据员工对岗位能力的掌握情况，评估某个岗位的员工胜任水平。

【公式】人才梯队成熟度 = 岗位胜任员工数 ÷ 岗位员工总人数

【数据来源】个人能力评估表。

多能工率

【定义】用于评估岗位人员的总体丰富程度。

【公式】多能工率 = $\sum_{1}^{n}$ 员工可胜任岗位数 ÷（岗位数 × 员工数）

【数据来源】组织能力评估表。

项目投资回报率

【定义】用于评估战略类培训项目的投资收益水平。

【公式】项目投资回报率 = $\sum_{1}^{n}$ 项目收益 ÷ 项目投入

【数据来源】项目计划、结项报告。

第六章　薪酬福利的量化

第一节 | 薪酬福利要解决的根本问题

在量化管理方面，薪酬福利显然是人力资源管理各模块中最有数据基础的一个，每个月发了多少工资，缴了多少社保，都是实实在在的数字。但是，如果仅仅因为工作中存在许多数据，就以为业务已经量化管理了，这种认识是片面的。量化管理需要对数据变化做出判断和响应。这就好比在一个十字路口，你能看到路口交通灯的数字变化，你当然知道还有多少秒就会变灯，这时，如果你无法改变这个秒数，那你就无法管理；反之，你能够通过控制数字让交通顺畅，你才是在进行量化管理的交通管理员。

从概念上来说，薪酬福利是员工因向所在的组织提供劳动而获得的各种形式的酬劳。狭义的薪酬福利指货币和可以转化为货币的报酬。广义的薪酬福利除了包括狭义的薪酬福利以外，还包括获得的各种非货币形式的满足，通过是否货币化以及是否显性化划分为四种类型。

薪酬福利管理在任何一家企业都是被高度重视的板块，一方面因为它“牵一发而动全身”的效果，让外人觉得它很系统，而且很严谨；另一方面因为许多企业实行保密的薪酬制度，让外人觉得它很深奥，而且很神秘。

事实上，薪酬福利管理并不复杂，概括起来，无非就两件事：定薪和发薪。

表 6-1　薪酬福利的概念

	外在薪酬福利	内在薪酬福利
直接薪酬福利	直接以现金形式支付的薪酬，即薪资，包括： ◆ 基本工资 ◆ 绩效奖金 ◆ 各类补贴 ◆ 股权期权	基于工作内在激励性而获得满足感，主要是由工作性质决定的，包括： ◆ 工作内涵性意义 ◆ 工作主体性意义 ◆ 工作职业性意义 ◆ 工作社会性意义
间接薪酬福利	以实物或服务形式支付的薪酬，即福利，包括： ◆ 法定福利（法定年休假、五险一金等） ◆ 养老医疗（补充医疗、企业年金等） ◆ 各类津贴（夜班津贴、调动津贴等） ◆ 设施服务（健身房、母婴室等）	给予工作隐含性因素而获得的报偿，主要是由工作条件决定的，包括： ◆ 组织环境 ◆ 办公条件 ◆ 工作弹性 ◆ 头衔名誉

图 6-1　薪酬管理的两大模块

定薪，就是确定基准，针对全体员工的定薪包括岗位评估、薪酬调研、架构调整、套档靠级、年度普调等；针对个体员工的定薪包括能力评估、绩效评估、转岗调级、薪酬调整等。

发薪，就是薪酬发放，步骤一般包括考勤数据汇总、绩效数据汇总、奖惩数据汇总、福利补贴汇总、保险基金核算、薪酬合并计算、个税扣缴核算、银行报盘。

其实，薪酬福利管理也有许多“槽点”，只是不便向外人吐露。

比如，在发薪的时候，薪酬福利管理人员会不断收到消息，“为什么我这个月扣了钱？”“为什么我的奖金少了？”“为什么这个月扣税多了？”等，员工的问题五花八门。

某企业的员工说自己非常“佩服”薪酬福利管理人员，因为他们制定的薪酬计算规则太复杂了，一般人根本算不明白，所以他们发多少就是多少，自己都懒得算。

定薪也不省心，一个朋友曾跟我吐槽，他是一家民营企业的薪酬经理，他说，“薪酬体系有什么用，薪酬架构根本就是用来打破的”。

“何出此言？”我问道。

“我们有一个研发经理要离职，管理者问都不问，直接要求两倍工资留人，就这么豪爽。可是，其他的研发经理知道了怎么办？”

还有个朋友抱怨说，公司年度调薪幅度小，一些岗位老员工的总体薪酬已经低于市场，为了招聘外部员工，在没有薪酬竞争力的情况下，就给候选人定了一个较高的职级，架构虽然没有被打破，但仍然带来了新的问题，因为许多老员工的职级都没有这个新来的人职级高，结果老员工议论纷纷，离职率升高。

在上述情境里，管理者或者员工，但凡有一方不满意，薪酬福利管理人员就成那个“背锅侠”，如何才能得到认可呢？还是要从自身工作价值、从解决的根本问题入手。

薪酬福利的意义有很多，包括激励功能、补偿功能、调节功能、效益功能、文化功能。这些功能中，核心在于激励功能，也就是说，如果发挥了激励功能，其他功能必将得到发挥；反之，如果激励功能未能发挥，其他功能做的再多也没有益处。薪酬福利要解决的核心问题就是员工激励问题，激励性是衡量薪酬福利体系水平的关键标准。

表 6–2　薪酬福利的意义

功能	功能意义
激励功能	合理的薪酬能够积极地引导员工的工作态度、工作行为，使绩效朝着企业期望的方向发展，从而激励企业提升经营业绩。
补偿功能	职工获得薪酬之后，可以用薪酬换取物质、文化生活资料，就可补偿劳动力消耗与劳动力生产费用支出。
调节功能	薪酬可以使劳动力的配置趋向合理，提高企业效率。通过薪酬结构的设置，能够引导员工不断学习，完善自身以达到企业的要求，也因此能够调节企业内部的人力资源。
效益功能	企业的薪酬福利水平会直接影响企业人力资源的构成，而人力资源的结构会决定其效率和产出，企业既要将薪酬福利作为成本予以控制，又要将薪酬福利作为效益予以投资。
文化功能	薪酬福利对员工的工作行为和态度具有很强的引导作用，因此合理的具有激励性质的薪酬制度可以塑造或强化企业文化。

综上，从根本问题的角度讲，定薪要解决的是预算阶段的激励问题，发薪要解决的是执行阶段的激励问题。

第二节 | 根本问题的量化分析

薪酬福利管理的价值在于“使用有限的成本帮助企业实现了员工激励效果的最大化”，所以对薪酬福利管理的量化，就是为了评估薪酬福利管理是否提高了成本的效率性和激励的效果度。

（一）定薪阶段的成本效率和激励效果

从宏观上来说，定薪就是确定薪酬的战略、预算和结构，确定薪酬激励的岗位、对象和行为。从微观上来说，定薪就是确定某位员工的薪酬结构和激励点。因此，提高定薪阶段的成本效率，就是要提高薪酬预算与战略的关联度、关键岗位和人员的精准度。提高定薪阶段的激励效果，就是要提高薪酬结构与需求的匹配度、管理制度与人性的适配性。

1. 战略和预算

高效率的薪酬管理应当始终围绕企业战略展开，基于企业的战略制定相对应的薪酬战略，并划拨相应的薪酬预算做支撑。因此，薪酬预算一定是一个自上而下的分解工作，是先确定总盘子再确定子计划的工作。但是，薪酬预算的目的不单是控制总额，更重要的是确保企业战略的实施过程中，薪酬能够给予相应的支持，所以不同的企业战略在薪酬战略和预算管理方面的做法是不同的。

表 6–3　企业战略与薪酬预算关系表

企业战略	对应薪酬战略	薪酬预算特点
发展型战略	市场领先战略	薪酬预算不受财务成本控制要求，领先市场水平，在预算目标上较宽松。
稳定型战略	市场跟随战略	基于薪酬调研结果确定薪酬标准值，结合财务成本控制要求确定预算目标。
收缩型战略	成本导向战略	基于财务成本控制要求设定预算目标，自上而下制定。

2. 岗位和人员

俗话说“好钢用在刀刃上，花钱花在裉节儿上”，薪酬福利作为企业的管理成本，本就具有稀缺性，只有将有限的资源用在最关键的对象上才能实现效率的最大化。关键对象，其实就是指关键岗位和关键人员。薪酬福利管理人员需要运用具体的方法对企业的岗位价值和员工能力做出评价，以保证薪酬福利的成本效率。

关键岗位的确定有许多方法，常用的有市场定价法、排序法、分类法、要素比较法和要素记点法，这个排序中，各个方法的灵活性逐步减弱，结构化逐步增强。其实没有什么最优的方法，企业需要选择最适合的一种，在结果上能排出个普遍认可的岗位优先顺序就可以了。

表 6–4　岗位价值评估方法

评估方法	方法简介
市场定价法	通过劳动力市场同行业的薪酬水平确定岗位价值，一般根据薪酬调研的结果做判断，该方法比较灵活，但不正规。
排序法	通过对所有岗位的价值进行相互比较，排出价值的大小顺序，以此确定岗位价值。
分类法	先根据一些要素确定某类岗位的等级数并做出定义，然后再依据定义确定具体岗位的等级，高等级的岗位价值更高。
要素比较法	先确定岗位评价的关键要素，然后对每个岗位的相应要素按重要度排序打分，最后计算打分结果，以此确定岗位价值。
要素记点法	与要素比较法类似，不同之处在于记点法的评分需要根据预先规定的评分量表进行打分，然后计算打分结果，以此确定岗位价值。

关键人员需要通过人才盘点的方式确定。人才盘点是从业绩、能力和潜力三个方面对现有员工进行排序的工作，最终产出人才九宫格。其中，待发展员工和胜任员工，可以确定为关键人员，在薪酬福利政策方面予以倾斜。

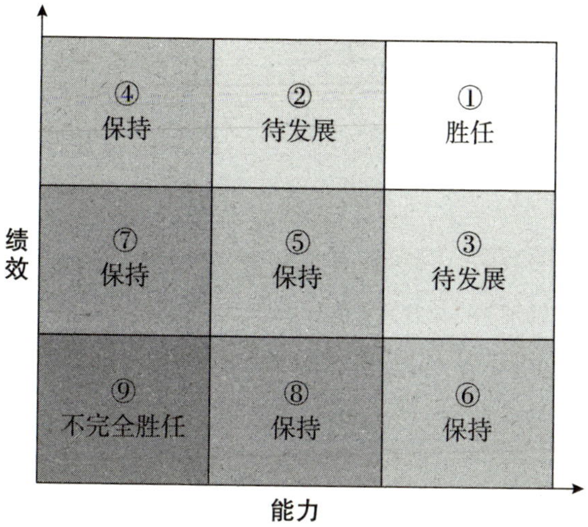

图 6-2　人才九宫格

表 6-5　人才盘点的维度和方法

维度	业绩	能力	潜力
概念	根据绩效目标，在过去两年的绩效表现状况	工作汇总表现出来的知识、经验和领导力行为	预测其未来能够提拔的一个层级或者多个层级的能力
关注点	着眼于过去	着眼于现在	着眼于未来
评估工具	绩效评估结果 业务述职报告	领导力测评 行为事件访谈 360 度调研 敬业度调查	潜力测试 压力测试 情景模拟

3. 需求和结构

薪酬激励的效果提升，激励措施的针对性是至关重要的，企业需要根据不同群体的需求特点制定不同的薪酬福利结构，以此提高针对性，进而提高薪酬激励效果。在方案设计时，薪酬福利管理人员需要始终围绕人的需求、激励和目标实现的问题，这离不开行为科学理论的指导。

行为科学理论根据研究对象的不同分为个体行为理论、群体行为理论、领导行为理论三类，具体如表 6–6 所示。

表 6–6　行为科学理论

分类	具体理论
个体行为理论	需求层次理论、双因素理论、成就需要理论、期望概率模式理论、公平理论、归因理论、行为修正理论、X 理论—Y 理论、不成熟—成熟理论，以及人类特性的四种假设等。
群体行为理论	群体动力学理论、信息交流理论、群体关系理论。
领导行为理论	领导特质理论、领导行为理论和领导权变理论。

基于理论的指导，薪酬福利制度的设计中要设置相应的激励点，以保障薪酬的激励性。所谓激励点，就是可以对员工采取针对性激励措施的特定时间、场合或事件。激励点的确定，关键在于对需求的把握，有员工的需求，还有企业的需求。

在员工需求方面，不同年龄段的员工的需求是不同的，为了提高激励性，薪酬福利体系应当进行有针对性的设计，从外在和内在两个方面进行统筹。

表 6–7　不同年龄段的激励方式

年龄段	需求特点	外在薪酬福利	内在薪酬福利
18~25 岁	刚离开学校步入社会的学生，从依靠父母生活向独立自主生活转化，他们的需求如下： （1）经济积累 （2）工作环境	（1）现金 （2）实物 （3）优惠 （4）职业培训	（1）职业规划 （2）办公条件

续表

年龄段	需求特点	外在薪酬福利	内在薪酬福利
26~30 岁	基本适应职场，也具备了一定的工作技能，正处于事业上升期，他们的需求如下： （1）购房置业 （2）成家立业	（1）现金 （2）实物 （3）优惠 （4）生活便利	（1）社会交往 （2）工作认可
31~35 岁	在社会角色上进入快速成长期，追求社会的认可和自我价值的实现，他们的需求如下： （1）职位晋升 （2）工作成就	（1）现金 （2）实物 （3）优惠 （4）家庭福利	（1）授权 （2）头衔名誉
36~40 岁	承担起家庭责任，上有老、下有小的阶段，他们的需求如下： （1）社会尊重 （2）工作稳定	（1）现金 （2）实物 （3）优惠 （4）长期投资	（1）社会称许 （2）工作稳定 （3）弹性工作
41~50 岁	处于事业和精力的黄金期，具有一定经济积累和社会阅历，有较强的职业动力： （1）社会地位 （2）职业发展	（1）现金 （2）实物 （3）优惠 （4）医疗保险	（1）工作创新 （2）发展机会 （3）社会称许
51~60 岁	逐渐进入职业暮年，准备着如何度过自己的晚年，他们的需求是： （1）个人名誉 （2）工作弹性	（1）现金 （2）实物 （3）优惠 （4）退休政策	（1）工作强度 （2）工作压力 （3）经验传承
60 岁以上	对社会责任而言他们已经完成了自己的历史使命，准备安享晚年了，他们的需求如下： （1）发挥余热 （2）退休生活	（1）体检 （2）慰问 （3）旅游 （4）设施	（1）组织关怀 （2）个人价值

在企业需求方面，针对不同的层级，企业激励的目的也不尽相同，为

了提高激励性，薪酬福利结构上也应当进行有针对性的设计。

表 6–8 不同层级的激励目的和方式

层级	激励目的	激励方式
员工层	确保员工的生产力，激励员工不断提高个人绩效。	以个人交付为核心，业绩导向、结果导向，常用的方式包括绩效奖金、工作责任、荣誉体系等。
基层管理者	发挥基层的战斗力，持续提高业务效率和团队执行力。	综合评估个人业务与团队业务结果，常用的方式包括员工持股、股票期权、项目激励、专业培训、及时认可。
中层管理者	调动中层的创造力，推动落实企业发展战略。	以团队业绩为导向、中长期激励相结合，常用的方式包括限制性股票、递延奖金、管理授权、发展通道等。
高层管理者	激发高层的事业心，提高企业经营质量的同时，维护股东长期利益。	以价值为指向、以结果为导向、以多次分配为方向，常用的方式包括合伙人股票、延期支付等。

4. 人性与管理

华为基于人性的、现实的、简单的管理实践，为中国企业树立了学习的标杆。企业的薪酬福利制度牵涉到各个方面，所以薪酬福利管理人员要统筹考虑绩效管理、员工关系、企业文化等众多要素，形成系统性的力量。

清华大学经济管理学院教授宁向东在《宁向东的清华管理学课》课程上讲过这么一个故事：3M公司曾经是一家以创新而广为人知的企业，邦迪、报事贴，好多新产品都是员工利用在日常生活中的灵感与创意所做出的发明，进而成了公司的利润来源。后来，3M 公司为了持续推动创新，在考核部门经理的业绩时，开始考核销售额中最近 4 年内开发产品所占的比例，结果导致许多经理仅仅改变了产品颜色，就当作发明了“新产品”。这显然违背了公司推动创新的初衷，公司的业绩也因此下降。

这个故事说明，激励制度的设计，仅凭“初衷好”是不够的。薪酬福利管理者在设计制度的时候就要从人性的角度出发，统筹考虑制度的相互关系，才能保证制度的效果。针对任何一项薪酬福利政策，在发布前都应进行全面的检查。

表 6-9　激励政策协同性检查表

序号	激励政策协同性	确认
1	政策与企业的人性假设是一致的。	□
2	政策与企业文化是相符的。	□
3	政策的适用范围是明确的。	□
4	范围内对象的需求是清楚的。	□
5	政策与激励需求是匹配的。	□
6	激励效果的预期是清晰的。	□
7	已评估政策对适用范围外的对象的影响。	□
8	已评估政策在短期和长期的影响，包括成本的和非成本的。	□
9	已评估政策的退出机制。	□
10	已评估政策与其他人力资源政策的关系。	□

（二）发薪阶段的成本效率和激励效果

1. 时间价值

我们都知道资金是有时间价值的，薪酬福利的发放对企业的现金流有直接的影响，所以网上有个段子，说从薪资发放可以看出一家企业的实力。10 日前发薪的，这些公司大多为高科技公司、上市公司、外资公司或是国企，规模比较大，福利待遇也很好。月中（含 15 日）发薪的公司虽然比不上第一类公司，但也差不到哪里去，至少也是一些 A 股上市公司或者是效益比较好、制度比较健全、注重管理的公司。15 日以后发薪的，多为小企业，尤其是社会服务业、劳动密集型公司。这只是网上的段子，不必当真，但确实也体现出薪酬福利发放时间的重要性。

薪酬福利的发放时间，法律上没有明确规定，这就给薪酬发放时间一定的灵活性，薪酬福利的成本效率就是指通过合法合规的方式，统筹薪资发放时间以减轻企业短期的资金压力。为用好薪酬福利的这个作用，薪酬福利管理人员需要理解薪资发放的合规性要求和灵活性差异。

表 6–10　薪酬福利的相关法律和灵活性差异

薪酬福利项目	法律法规要求	灵活发放机会
基本工资	《中华人民共和国劳动法》 《工资支付暂行规定》 《保障农民工工资支付条例》 地方工资支付条例	在类似疫情等严重影响生产经营的情形，可根据相关规定，调整支付时间或支付标准。
加班费	《中华人民共和国劳动法》 《工资支付暂行规定》 地方工资支付条例 地方工时管理的规定	综合工时制的员工，在综合计算周期内计算加班时间，超过法定标准工作时间的部分，按 150% 支付加班费。不定时工作制的员工，不计算加班时间。
年休假工资	《职工带薪年休假条例》 《工资支付暂行规定》 地方工资支付条例 《企业职工带薪年休假实施办法》	用人单位安排职工休年休假，但是职工因本人原因且书面提出不休年休假的，用人单位可以只支付其正常工作期间的工资收入。
社会保险 / 公积金	《中华人民共和国社会保险法》 《社会保险费征缴暂行条例》 《住房公积金管理条例》 地方社会保险费管理办法 地方住房公积金管理条例	无
绩效工资、奖金、补贴、补充福利	无专项法律规定，以劳动合同为准	企业可以通过完善规章制度等合法规定，对该部分薪酬福利的发放做出调整。

薪酬福利的时间价值还体现在激励的及时性要求。不论是奖励还是惩罚，为了实现激励效果的最大化，都应该在事情发生的第一时间给予反馈。

心理学家赫洛克做过一个著名反馈效应的心理实验。赫洛克请来一些人参与实验，把他们分成了4组，给他们同样的任务让他们完成。第一组的人，在每次任务结束后都会受到鼓励和表扬；第二组的人，会被找碴，任何错误都会被训斥或批评；第三组的人，他们不会被表扬，也不会被批评，但他们会看到对第一组、第二组的反馈；第四组的人则被完全隔离，他们只完成任务，没有反馈，他们也看不到其他组的情况。

实验结果表明：第四组的成绩最差，第一组和第二组的成绩则明显优于第三组，而第一组的成绩会不断上升，积极性高于第二组，第二组的成绩会有一定的波动。这个实验表明：及时对结果进行评价，能强化动机，对工作起到促进作用；适当激励的效果明显优于批评，而批评的效果比不闻不问的效果好。

所以，企业实施的激励措施一定要具有及时性，如果不做及时的反馈，对企业来说，激励的钱就白花了。

2. 方式方法

薪酬发放的方式对于成本效率和激励效果也有直接的影响。通过奖金的递延支付、股权、股票等方式，缓解当前现金流的压力，实现融资成本的降低，还能够实现员工利益与企业利益的统一，达到长期激励的效果。举几个例子。

蔚来汽车“以股抵薪”渡难关。2020年初，蔚来汽车称因内部管理问题，资金压力较大，于是调整薪资发放日，并对员工提出用公司股票兑换员工十三薪的替换方案。当时，许多媒体都不看好这个做法，员工内心也在打鼓。等到了2020年底，发生了戏剧性的变化，蔚来股票暴涨10倍，当时同意“以股抵薪”的员工乐开了花。对于初创期的企业，现金流不那么充裕的企业，股票和股权的确是一种既可以降低成本，又可以激励员工的薪酬福利发放方式。

华为“虚拟股权”激励员工。华为的股权激励是不断完善和发展的，最初是全员持股，然后推行虚拟受限股，后来实施了饱和配股方案，再后来是时间单位计划。不论何种方式，目的都是调动员工对公司的投资热情，实现资金的回流，降低企业的融资成本。这种方式一方面解决了公司融资难的问题，减少了公司现金流风险；另一方面增强了员工的归属感，提升了公司的凝聚力。

美的“合伙人计划”吸引高管。美的采用的合伙人持股，是一种业绩股票形式。公司会从二级交易市场购买公司的股票，然后根据高管人员的绩效进行分配。这一方式既能够减少现金的支出成本，又能实现企业在二级市场上的稳定，还可以吸引国际人才加入企业。长期的股票激励计划能够降低高管人才的流失风险，保持企业核心管理层的稳定性，避免经营方针频繁调整。

“递延奖金”留骨干。年终奖是企业年底发给员工的福利，大多企业基于员工的工作表现，一次性发放，然而为了防止骨干人员跳槽，有些企业将年终奖推迟发放或分次发放，这就是递延奖金的意思。这一方式会受到个人所得税政策的影响，因为一年只有一次个税优惠的机会，分次发放员工可能会多缴个税，所以这种方式的激励效果并不理想。当然，年终奖个税优惠政策也在持续调整，如果优惠政策取消，在什么时候发放年终奖都一样计税的话，整个方式都需要再研究了。

除了上述组合方式，薪酬福利发放的方式，还包括发放的透明度和准确度。

薪酬福利发放的透明度，就是指“密薪”还是“明薪”的意思。所谓密薪，就是员工需要对薪酬保密，相互之间不知道对方的薪酬金额。所谓明薪，就是相互之间的薪酬是公开的，相互之间都知道对方的薪酬金额。

密薪的好处有两个，一个是避免了相互攀比，保护了个人隐私，使员工不会因为薪酬高低而受到排挤或者轻视，有助于营造和谐的人际关系。另一个是让管理者可以更加灵活地调整员工薪酬，管理者调薪权保障了管理者的权威。

当然，密薪也有不足，最直接的就是员工之间的相互猜忌。此外，倘若管理者以保密为掩护不公平地分配薪酬，还会带来管理上的问题。俗话说，没有不透风的墙，当员工发现自己被不公平对待的时候，就会带来工作效率的降低和敬业度的降低。

明薪的好处是能够激励优秀的员工更加努力，员工之间没有了猜忌，可以全身心投入工作。从长远的角度来看，明薪还是大趋势，只是这个过程不是一蹴而就的，要以内部合理的薪酬结构为基础。即便不采取明薪制，企业也应当向员工公开薪酬的结构和制度，让员工了解企业提倡什么、反对什么，以此发挥薪酬的激励导向作用。

薪酬福利发放的准确度，就是指发放的数额是否准确的意思。这是对薪酬的非常基本的要求。如果薪酬发错了，员工会质疑人力资源部的工作。薪酬福利管理人员必须持续提高信息化水平，实现自动算薪、自动报盘等功能，既可以避免人为失误，提高准确率，还可以把自己从日常琐碎的工作中解放出来。

3. 仪式场合

影响薪酬福利激励性的另一个维度是发放的仪式场合。这种场合有许多，如小米雷军在开年第一天发红包；再如，有的企业在年会上发大量现金奖励。这种场合营造了“仪式感”。所谓仪式感，法国童话《小王子》里说，“仪式感就是使某一天与其他日子不同，使某一时刻与其他时刻不同”。通过仪式赋予发放活动以意义，可以强化员工的心理认同，起到更大的激励作用。

现实中，有些管理者常常以规避内部审计的风险为由，拒绝组织员工奖励相关的发放仪式，薪酬福利管理人员如果默许这种行为，将使得薪酬福利的正向激励效果大打折扣，同时还给管理上的暗箱操作提供了机会，进而带来负激励的效果。

企业缺少仪式感还会让员工误以为额外的奖励是理所当然的，或者对于常规的薪酬习以为常，进而造成激励效果的弱化。

第三节 | 薪酬福利的业务流程

薪酬福利管理概括起来就是两项工作：定薪和发薪。因此，管理的流程主要就是两个，一个是定薪的流程，一个是发薪的流程。同时，定薪和发薪都是要基于一定的基准的，因此还有一个薪酬体系的设计流程，这个是基础。

（一）薪酬体系的设计流程

广义的薪酬福利包含了外在薪酬和内在薪酬两个部分，具体来看，外在薪酬主要是指基本工资、固定奖金、现金津贴、浮动收入、长期激励和福利项目等，内在薪酬主要是指工作性质、工作生活平衡、企业文化、表彰与荣誉等。

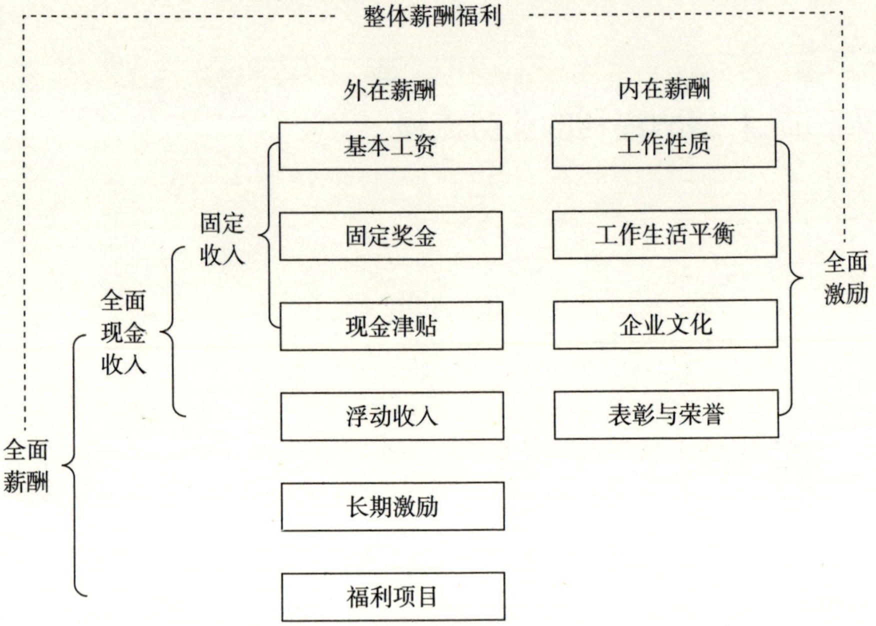

图 6-3　整体薪酬福利的构成

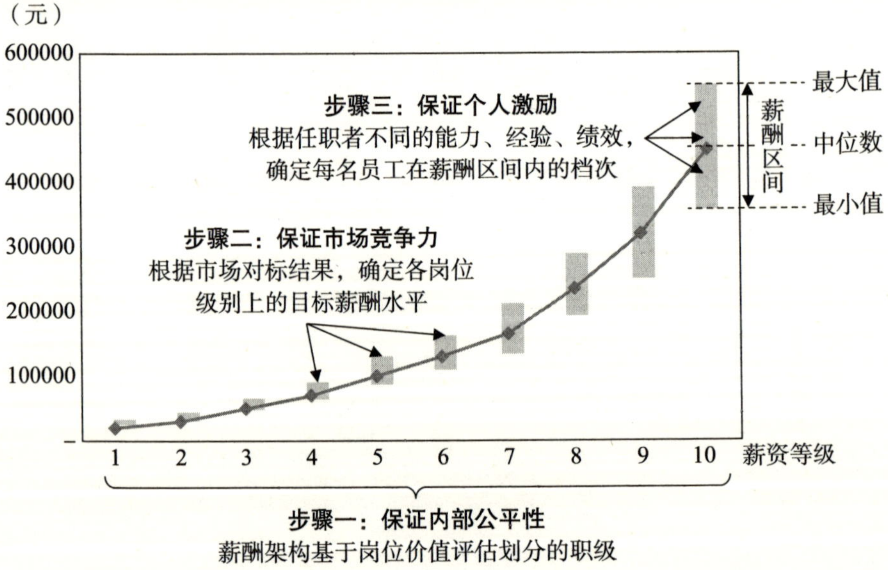

图 6-4　宽带薪酬的架构

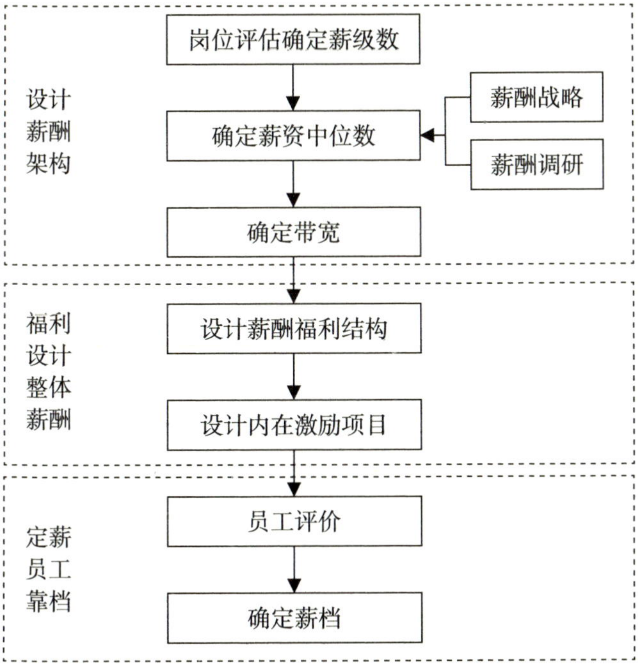

图 6-5　薪酬体系设计步骤

（二）定薪调薪的实施步骤

定薪一般发生在特定的时点，如招聘员工时需要确定薪资协议的具体内容，这时就需要定薪；又如，员工岗位调整，晋升或者降级时，也需要对员工的薪酬进行重新核定；再如，员工的薪资普调，也需要对每个员工的薪酬进行确定，也是定薪。

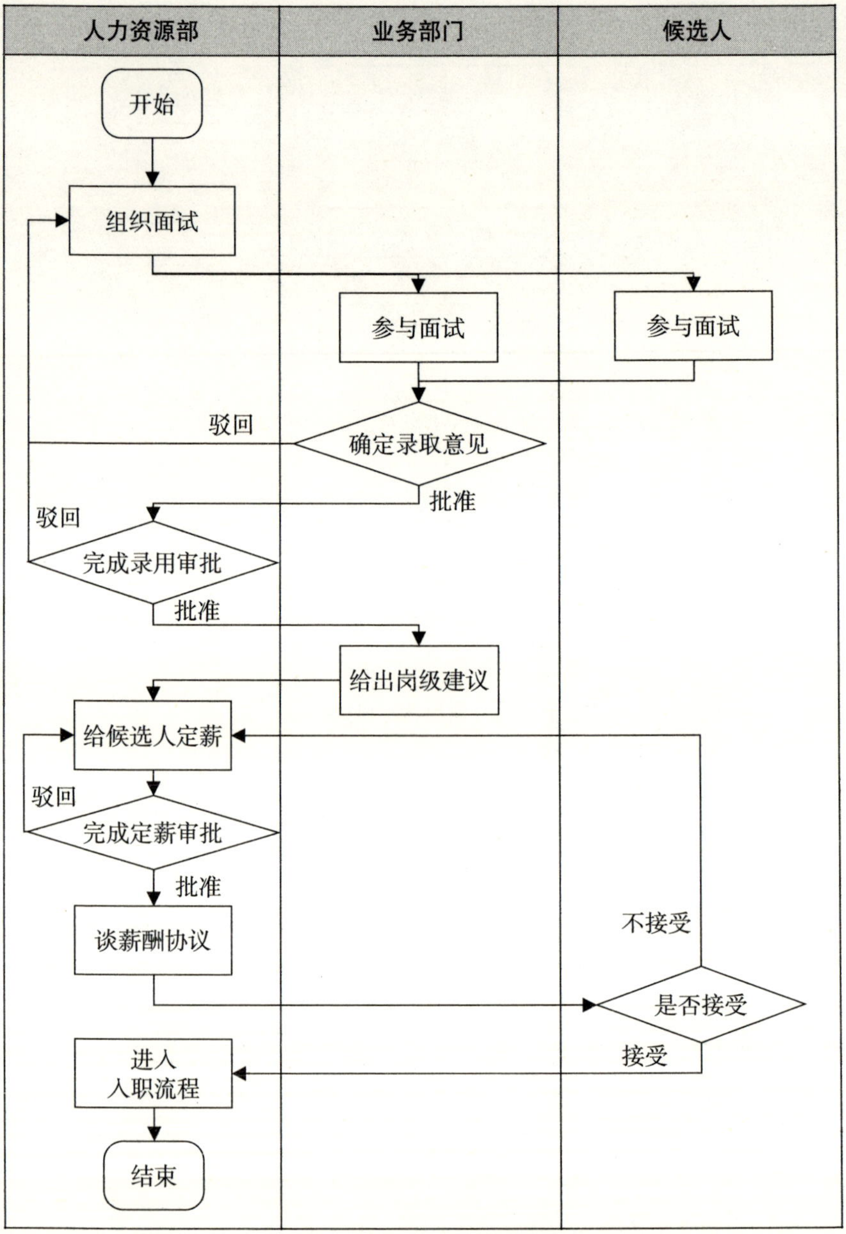
人力资源部
业务部门
候选人
开始
组织面试
参与面试
参与面试
驳回
确定录取意见
批准
驳回
完成录用审批
批准
给出岗级建议
给候选人定薪
驳回
完成定薪审批
批准
谈薪酬协议
不接受
是否接受
接受
进入
入职流程
结束

图 6–6　招聘阶段定薪

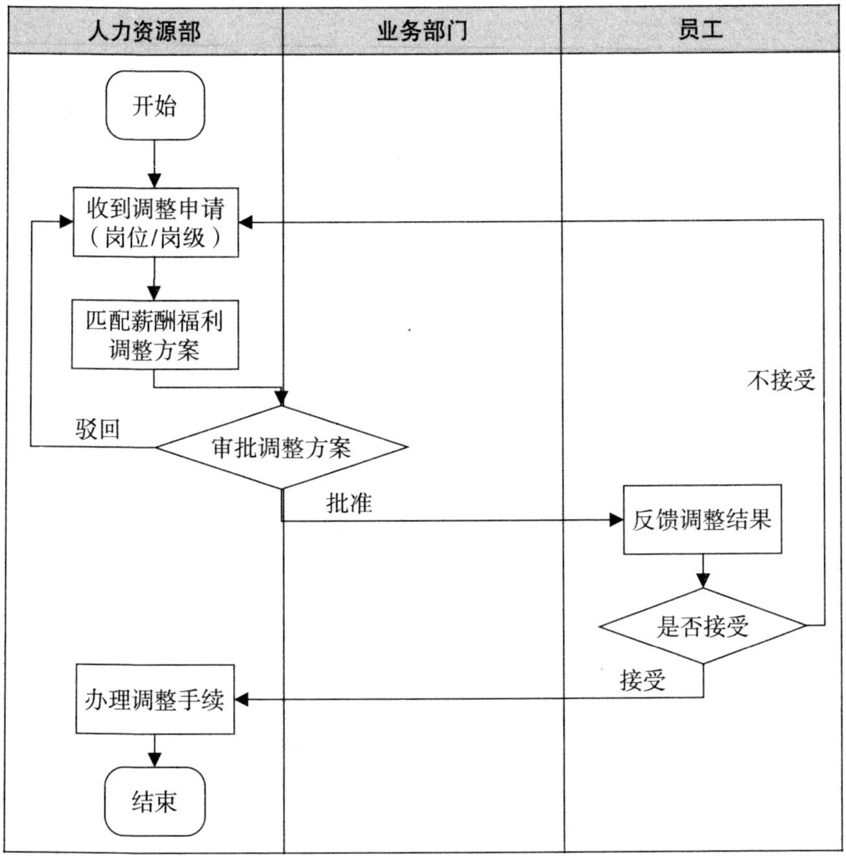
人力资源部
业务部门
员工
开始
收到调整申请（岗位/岗级）
匹配薪酬福利调整方案
驳回
审批调整方案
批准
反馈调整结果
不接受
是否接受
接受
办理调整手续
结束

图 6–7　员工调岗调薪

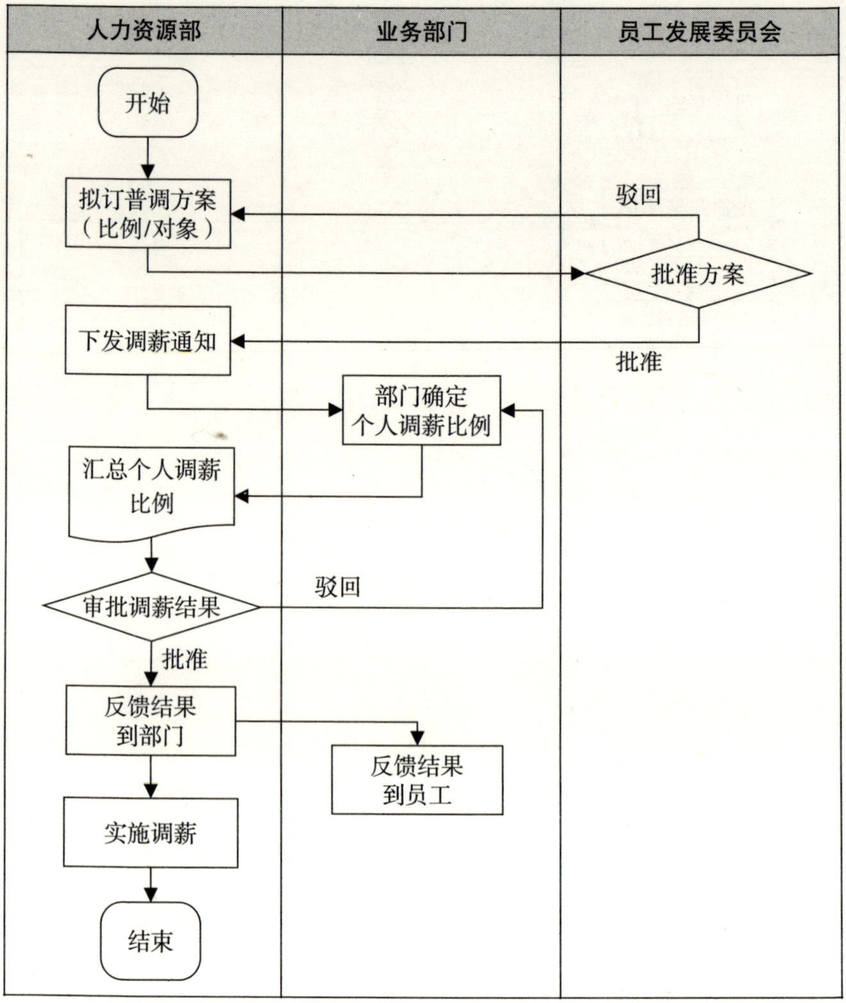

图 6–8　员工薪资普调

（三）薪酬发放的流程表单

薪酬发放是薪酬福利管理人员的例行工作，就是对薪酬进行核算，根据考勤、绩效、奖惩等信息，确定每个人的薪酬，然后予以发放的过程。每家企业的薪酬发放项目不尽相同，但都需要在工资单中罗列出发放的具体项目。

第四节 | 常用的薪酬福利量化指标

根据量化分析的层次，指标可以分为描述型指标、分析型指标和预测型指标。本节具体罗列了常用的薪酬福利量化指标。

（一）描述型指标

薪资福利总额

【定义】反映企业薪酬福利总成本。

【数据来源】财务预算。

工资总额

【定义】反映企业在一定时期内支付给职工的劳动报酬总额。

【公式】工资总额 = $\sum_1^n$ 每个员工的应计工资

【数据来源】财务预算、薪酬发放记录。

福利总额

【定义】反映企业福利方面的成本支出。

【公式】福利总额 = $\sum_1^n$ 单项福利成本

【数据来源】财务预算。

薪级

【定义】反映企业岗位价值划分的颗粒度，划分越细薪级越多。

【数据来源】薪酬福利架构。

薪档

【定义】每个薪级从最下限到最上限的层次数。

【数据来源】薪酬福利架构。

薪酬范围，也叫级差

【定义】每个薪级最上限和最下限之间的工资差额，反映薪酬福利的灵活性。

【公式】级差 = 薪酬上限 – 薪酬下限

【数据来源】薪酬福利架构。

薪酬带宽，也叫幅宽

【定义】每一薪级下限到上限的涨幅，通常用百分比表示。

【公式】薪酬带宽 =（薪酬上限 – 薪酬下限）÷ 薪酬下限

【数据来源】薪酬福利架构。

薪酬满意度

【定义】用于反映员工对薪酬的满意程度。

【数据来源】薪酬满意度调查。

（二）分析型指标

中位值递增率

【定义】每一薪级与下一个薪级的中位值之间的差异，通常用百分比表示。

【公式】中位值递增率 =（上一级中位数 – 下一级薪酬中位数）÷ 下一级中位数

【数据来源】薪酬福利架构。

级别重合度

【定义】反映各薪级之间的关系。

【公式】级别重合度 =（下一级薪酬上限 – 上一级薪酬上限）÷ 下一级薪酬范围

【数据来源】薪酬福利架构。

薪酬均衡指标，也叫比率

【定义】反映实际薪酬与该岗位所处薪级的中位值之间的关系，该比率有助于显示实际薪酬超出合理范围的程度。

【公式】比率 = 实际薪酬福利 ÷ 对应薪级的中位值

【数据来源】薪酬福利架构、薪酬发放记录。

人均薪资增长率

【定义】反映企业人力资本的增长情形，是企业获利能力的体现。

【公式】人均薪资增长率 =（调整后人均薪资 – 调整前人均薪资）÷ 调整前人均薪资

【数据来源】薪酬发放记录。

固浮比

【定义】用于反映固定月薪占总现金收入的比例。

【公式】固浮比 = 固定月薪 ÷（固定月薪 + 浮动月薪）

【数据来源】薪酬福利架构。

薪酬费用销售贡献度

【定义】反映每一元薪酬福利费用能够创造的销售额。

【公式】薪酬费用销售贡献度 = 销售额 ÷ 薪酬福利总额

【数据来源】薪酬发放记录、销售数据。

薪酬费用利润贡献度

【定义】反映每一元薪酬福利费用能够创造的利润。

【公式】薪酬费用利润贡献度 = 税前利润 ÷ 薪酬福利总额

【数据来源】薪酬发放记录、利润数据。

（三）预测型指标

激励点数量

【定义】反映薪酬福利政策的激励效果。

【数据来源】薪酬福利政策。

薪酬福利政策协同性

【定义】反映综合的激励效果保障能力。

【数据来源】薪酬福利政策协同性检查表。

预测薪酬规模

【定义】对未来薪酬规模的走势进行预测。

第七章　员工关系的量化

第一节 ┃ 员工关系要解决的核心问题

你知道吗？按照国外最初的观点，人力资源管理是缓解雇主与雇员关系措施的产物，也就是说，人力资源管理的最初使命就是员工关系管理。

中国的人力资源管理发展有自身的特色，最初的人力资源管理部门，可能叫作劳资科或者人事科，主要负责的是人员调配、劳动档案的管理，实际上也是员工关系管理的内容。近年来社会关注的企业管理方面的问题，“996/007”“职场 PUA”“困在系统里的快递员”等，仍然是员工关系管理领域的问题。因此，不论中外，员工关系管理都是人力资源管理的核心使命，人力资源管理的专业性也首先体现在对相关法律法规的运用。

那么，这就是员工关系管理要解决的根本问题吗？当然不是。员工关系涉及企业、社会、员工三个方面，事实上包含了五重关系：

- 企业与社会的关系
- 企业与员工的关系
- 员工与他人的关系
- 员工与自我的关系
- 员工与社会的关系

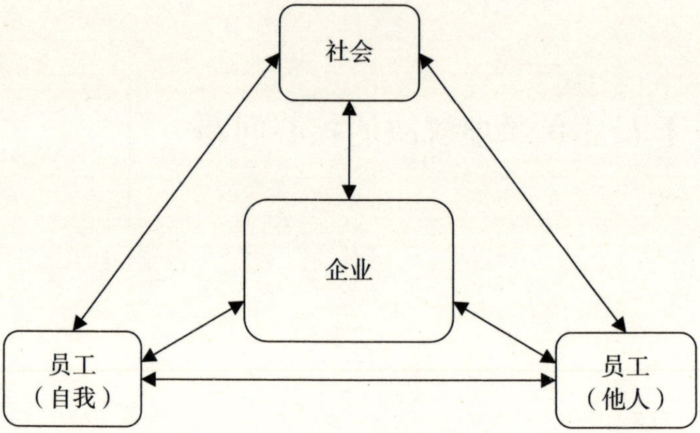

图 7-1　员工关系的关系结构

企业与社会的关系，是指企业对法律的遵守，对社会责任的承担。营造和谐的劳动关系和社会关系，维护的就是企业与社会的关系。

企业与员工的关系，是由雇佣方式决定的，分为典型雇佣方式和非典型雇佣方式。典型雇佣方式是指与员工签订劳动合同的长期用工方式。非典型雇佣方式涵盖的内容则较多，包括劳务派遣、业务外包、非全日制用工、实习用工等。快递员、代驾、网约车司机等灵活就业人员，与企业之间也属于非典型雇佣方式。企业采用不同雇佣方式的目的，主要是增加用工规模的灵活性，最终实现用工成本的降低。不同的雇佣方式，也决定了企业与员工关系的紧密程度和管理范围。员工关系管理者的职责，就是确保各种用工方式的良性运转，同时把握法律界限，避免因事实劳动关系的改变给企业带来成本的增加。

表 7-1　企业与不同类型员工的关系

区分	正式员工	劳务派遣	业务外包
事实雇主	用工企业	人力资源服务企业	业务承包企业
管理方式	直接管理	直接管理	由承包企业管理
关系注销方式	终止 / 解除劳动合同	退回派出企业	由承包企业替换

续表

区分	正式员工	劳务派遣	业务外包
发薪方式	按人按月发放	督促派出企业按人按月发放	按项目结算，由承包企业发放
关系紧密度	紧	中	松
存在的意义	企业正常运营的核心人力资源	相对灵活的人员规模调节方式，减轻人员管理压力	完成项目后即退出，成本不纳入用工企业工资总额

员工与他人的关系，是基于人际关系理论的研究成果。1932年，梅奥通过对霍桑实验的分析指出，人是“社会人”，除了物质需求，人对社交、社会认可也有需求，而且社会性需求的满足有助于提高员工的工作效率。另有研究表明，在员工的离职原因中，有72%是员工对直接上级不满，因此在员工与他人的关系中，员工与直接上级的关系尤为重要。现在经常提到的“职场PUA”，其实也涉及上级与下属的关系问题。正式组织要与非正式组织相互结合，互相补充，才能提高生产效率。当员工与他人产生矛盾的时候，如果团队内部消化不了，就需要员工关系管理者的介入，而如何处理这种矛盾，也是企业文化和企业价值观的具体体现。正因为员工之间的关系非常重要，所有咨询机构的敬业度调研问卷中，设计了许多与此有关的驱动因素。所以，员工关系管理者的职责，就是打造员工普遍认同的企业文化，使员工的效率得以提高。

员工与自我的关系，即员工的自我认知问题，具体表现为员工的心理压力。适度的心理压力有助于员工工作效率的提升，但是过度的心理压力则会带来不可预知的影响。然而，由于社会环境的变化，受失眠、健忘、焦虑、抑郁等心理问题困扰的员工越来越多，员工自我伤害的事件也时有发生，给员工、企业和社会都带来损失和创伤。为了避免类似极端事件的发生，加强员工的压力疏导和心理救助，成为许多企业的主动选择。在员工与自我的关系领域，员工关系管理者的职责，就是促进员工的心理健康，预防极端事件的发生。

员工与社会的关系，是指员工与企业外部人员的关系。员工关系管理的复杂性，在于每个人都是社会人，他们不是孤立在企业的，他们可能是父母、孩子，他们也有朋友，所以员工关系的处理，不仅是员工工作的问题，还需要考虑员工的社会处境。例如，在海底捞，为了让员工安心工作，建立寄宿制学校，让员工的孩子免费入学；为了让员工有自豪感，让员工父母到店免费用餐。再如，有些企业会在减员的时候给员工开设未来职业发展的课程，帮助员工找工作。这些都是在解决员工与社会的关系问题，员工关系管理者的职责，就是运用好社会资源，帮助员工提升工作效率。

那么，员工关系管理究竟要解决什么问题呢？上述五重关系，按照优先顺序来说，企业首先要关注的是企业与员工的关系，其次是企业与社会的关系、员工与他人的关系、员工与自我的关系，最后是员工与社会的关系。综合五种关系中的职责要求，员工关系管理者要解决的根本问题，就是营造和谐的劳动关系，提高员工的敬业度。

第二节 | 根本问题的量化分析

员工关系管理的价值在于“实现了劳动关系的和谐与员工敬业度的最大化”，所以对员工关系管理的量化，就是为了评估员工关系管理在和谐劳动关系创建和员工敬业度提升方面的能力。

（一）和谐劳动关系创建能力

构建和谐劳动关系，不仅是企业的事情，也是党和国家高度关注的事项，所以该领域有一系列的指导意见，可以为企业员工关系管理者指明工作方向。例如，北京市有《构建新时代北京特色和谐劳动关系重点任务推进计划》，上海市有《企业和谐劳动关系创建指标表》，深圳市有《企业和谐劳动关系构建指南》，江苏省有《劳动关系和谐企业评价规范》并发布为地方标准（DB32/T 2019-2019）。

员工关系管理者只需要按照相关标准、规范的指导，审视和完善企业的员工关系管理工作，就能够实现企业的劳动关系和谐。以《南京市劳动关系和谐企业自评表》为例，评价的项目包括劳动用工、工资分配、工作时间与休息休假、社会保险、职工福利、安全生产、集体协商与集体合同、工会建设与民主管理、争议调处、企业文化、社会责任、职工综合满意度 12 个方面。

表 7-2　南京市劳动关系和谐企业自评表

评价项目	评价内容	自评分
劳动用工（15 分）	①企业无就业歧视行为；②企业无就业欺诈行为；③依法与职工签订劳动合同，劳动合同签订率达 100%；④企业和职工各执一份劳动合同文本；⑤建立职工名册制度；⑥主动履行劳动用工备案义务。（各 1 分）	
	劳动合同的⑦履行、⑧变更、⑨解除、⑩ 终止，遵循合法、公平、平等自愿、协商一致、诚实信用的原则。（各 0.5 分）	
	⑪ 使用劳务派遣工符合劳动法律法规规定。 ⑫ 职工月均离职率 5% 以内。（各 2 分）	
	⑬ 依法建立和完善劳动报酬、工作时间、休息休假、保险福利、职工培训、劳动纪律等制度。（6 小项各 0.5 分）	
工资分配（10 分）	①依法确定、调整劳动定额或者计件报酬标准；②劳动定额标准能够确保同岗位 90% 以上劳动者在法定工作时间内完成；③本企业最低工资标准高于当地最低工资标准。（各 1 分）	
	④参照工资指导线，职工工资增长与企业劳动生产率提高相协调；⑤企业年度增长工资的，提供正常劳动的职工工资应当得到增长；⑥一线职工年收入增长水平高于企业职工平均工资增长水平。（各 2 分）	
	以货币形式⑦按时⑧足额支付职工工资。（各 0.5 分）	
工作时间与休息休假（5 分）	①依法执行国家规定的工作时间；②执行特殊工时制的，应履行报批手续；③加班加点应事先与工会各职工协商。（各 1 分）	
	④延长工作时间符合法律法规规定；⑤依法足额发放加班工资报酬；⑥依法执行休息和休假制度；⑦保障职工带薪年休假权利。（各 0.5 分）	
社会保险（8 分）	①履行社会保险登记、申报义务；②依法足额申报参保人数和应缴纳的社会保险数额；③依法按时足额缴纳各项社会保险费；④按月向职工告知缴纳社会保险费明细情况；⑤具备条件的企业建立以企业年金、补充医疗为主要形式的补充保险制度；⑥执行职工住房公积金规定；⑦及时为职工缴纳住房公积金；⑧依法足额提取和使用职工福利费。（各 1 分）	

续表

评价项目	评价内容	自评分
职工福利（2分）	①建立职工互动互济保障制度；②开展困难职工帮扶工作并建立困难职工帮扶档案。（各1分）	
安全生产（10分）	建立健全①安全生产规章制度；②职业卫生管理制度；③事故应急预案；④加大安全投入；⑤生产经营场所和设备、设施符合国家有关标准和规定；⑥消防设施符合要求；⑦安全警示标志明显；⑧按规定开展安全生产标准化建设；⑨组织有毒有害岗位职工定期进行健康体检；⑩ 尘毒浓度指标不超过国家卫生标准；⑪ 落实女职工和未成年工特殊保护措施；⑫ 每两年至少组织一次女职工妇女病普查；⑬ 开展职工安全教育；⑭ 企业主要负责人；⑮ 安全管理人员；⑯ 特种作业人员经过安全培训，持证上岗；⑰ 开展“安康杯”竞赛，加强企业安全文化建设。（各0.5分）	
	⑱ 建立和完善“1+3”安全监控工作关系，对企业安全生产重点部位、重点设备和关键环节开展经常性安全检查，及时整改隐患。（1.5分）	
集体协商与集体合同（10分）	①每年至少开展一次集体协商；②企业确定劳动报酬、劳动合同管理、奖惩与裁员事项均事先与职工进行集体协商；③协商结果和理由依法向职工公布；④依法签订集体合同（工资、劳动安全卫生、女职工特殊保护专项集体合同）；⑤全面履行集体合同；⑥集体合同报送劳动行政部门审查；⑦生效的集体合同向职工公示。（各1分）	
	⑧建立以工资集体协商为主要形式的工资分配决定机制和工资水平调整机制。（2分）	
	⑨每年至少一次将履行集体合同情况向职工（代表）大会报告；⑩工资专项集体合同、集体合同中的工资条款或者附件的履行情况每半年至少公布一次。（各0.5分）	

续表

评价项目	评价内容	自评分
工会建设与民主管理（13 分）	①工会经费审查委员会；②工会女职工委员会；③工会劳动法律监督委员会；④工会具备社会团体法人资格。（各 0.5 分）	
	⑤依法保障工会工作的人员、时间、场所；⑥按时足额拨缴工会经费；⑦建立工会委员会；⑧建立职工（代表）大会制度；⑨职工（代表）大会每年至少召开 1 次，其决定决议得到落实；⑩ 建立厂务公开制度，有固定公开栏及其他公开形式；⑪ 公开内容全面、真实、及时；⑫ 劳动规章制度、重大事项应当公示，或者告知职工；⑬ 劳动规章制度的内容不得与法律、法规相抵触；⑭ 制定劳动规章制度和决定涉及职工切身利益的重大事项，应当经职工（代表）大会或者全体职工讨论，提出方案和意见；⑮ 与工会或者职工代表平等协商确定；⑯ 公司制企业依法建立职工董事、职工监事制度。（各 1 分）	
争议调处（8 分）	①宣传普及劳动法律知识；②定期组织开展劳动法律知识培训；③企业主要负责人参加上级组织的劳动法律知识培训；④定期组织开展劳动法律实施情况的监督自查活动；⑤建立劳动争议调解组织和制度；⑥调解组织人员组成结构合理；⑦建立劳动争议预警制度；⑧依法报告裁员、欠薪和重大劳动争议事项。（各 0.5 分）	
	⑨职工诉求表达制度健全、渠道畅通；⑩ 无企业原因引发的职工越级上访。（各 1 分）	
	⑪ 劳动争议调解及时有效。（2 分）	
企业文化（5 分）	①体现合作共赢、和谐发展的核心价值理念；②开展劳动竞赛、技能比武，合理化建议活动；③依法提取、使用职工教育培训经费。（各 1 分）	
	④创建“模范职工之家”；⑤有职工文体活动场所并正常开放；⑥定期集中组织开展职工文体活动；⑦关心职工心理健康。（各 0.5 分）	
社会责任（4 分）	符合国家、行业和地方①环境保护；②节能减排规定；③无损害企业形象的事件发生；④参加慈善捐助和社会公益事业。（各 1 分）	

续表

评价项目	评价内容	自评分
职工综合满意度（10 分）	95% 以上职工对企业劳动关系状况满意。（10 分） 90% ~ 94% 的职工对企业劳动关系状况满意。（8 分） 80% ~ 89% 的职工对企业劳动关系状况满意。（6 分） 76% ~ 79% 的职工对企业劳动关系状况满意。（5 分） 75% 及以下职工对企业劳动关系状况满意。（0 分）	
合计		

在使用自评表进行审视之后，对于发现的问题，员工关系管理者需要评估风险，并且决策是否采取改善行动。对于员工关系管理的风险，可以按照点检清单的方式进行检查，以确保风险评估的全面性，确保风险控制措施的有效性。

表 7–3　员工关系风险点检表

员工关系管理情境	风险点确认
招聘录用与入职管理	□是否存在就业歧视行为? □是否明确了招聘岗位的具体录用条件? □是否已评估录用通知的合规性? □是否评估入职体检的合规性? □是否在入职阶段进行了录用条件审查（如身份证明、资质证明、离职证明、竞业限制协议等）?
劳动合同订立	□是否评估了签订日期的合规性? □是否评估了合同条款的合规性和企业管理的便利性（如试用期、工作地点、工作岗位等）? □是否评估了签订流程的合规性?
试用期管理	□是否评估了试用期工资标准的合规性? □是否评估了试用期期限的合规性? □试用期期限的约定是否考虑了延长的情形? □是否约定了试用期考核标准? □是否评估了试用期考核办法的合规性? □是否评估了延长试用期流程的合规性? □是否评估了试用期内解除流程的合规性?

续表

员工关系管理情境	风险点确认
规章制度管理	□是否有内部规章制度? □是否评估了规章制度内容的合规性? □是否评估了规章制度内容的合理性? □是否评估了制定、修订过程中民主程序的合规性? □是否评估了规章制度公示程序的合规性? □是否对所有涉及员工利益的制度进行了评估?
保密与竞业限制	□是否有保密管理制度? □是否评估了保密协议的合规性? □入离职手续中是否包含了保密要求的确认? □是否评估了竞业限制的必要性? □是否评估了竞业限制协议的合规性? □是否评估了竞业限制配套措施的合规性?
培训服务期	□是否明确了专业技术培训的内容? □是否明确了培训费用计算标准? □是否明确了违约金的计算标准? □是否评估了培训协议的合规性? □是否评估了培训记录的完备性?
工时管理	□是否评估了工时制度的匹配性? □是否对特殊工时制度进行了申报? □是否评估了考勤管理制度的合规性? □是否评估了考勤记录的完备性? □是否评估了休假记录的完备性?
薪酬管理	□是否评估了工资标准的合规性和企业管理的便利性? □是否评估了工资支付记录的完备性? □是否评估了特殊工资发放情形的合规性(如缓发、扣发、少发等)? □是否评估了病假工资发放的合规性? □是否评估了补贴、福利发放的合规性? □是否评估了奖金发放的合规性? □是否评估了股票、股权等激励制度的合规性? □是否评估了代扣代缴事项的合规性?

续表

员工关系管理情境	风险点确认
社保管理	□是否评估了社保备案的合规性? □是否评估了社保缴纳基数的合规性? □是否评估了社保缴纳流程的合规性? □是否评估了补充保险的必要性（如雇主责任险等）? □是否评估了员工退休流程的合规性?
劳动合同变更管理	□是否定义了劳动合同变更的情形? □是否评估了劳动合同变更流程的合规性? □是否评估了劳动合同变更记录的完备性?
劳动合同的解除与终止	□是否定义了协商解除的情形? □是否定义了企业主动解除的情形? □是否定义了企业主动终止的情形? □是否定义了经济性裁员的情形? □是否评估了协商解除的合规性? □是否评估了企业主动解除的合规性? □是否评估了企业主动终止的合规性? □是否评估了裁员的合规性? □是否设置了解除、终止及裁员的风险评估环节?
集体合同的管理	□是否签订了集体合同? □是否评估了集体合同订立、修订的合规性? □是否评估了集体合同内容与劳动合同的关系?
特殊用工管理	□是否评估了劳务派遣用工的合规性? □是否评估了劳务外包用工的合规性? □是否评估了实习用工的合规性? □是否评估了非全日制用工的合规性? □是否评估了“三期”女职工管理的合规性? □是否评估了返聘员工管理的合规性? □是否评估了外籍员工管理的合规性?
劳动争议管理	□是否有员工意见收集反馈机制? □是否有内部调解机制? □是否有危机处理机制? □是否有预算储备（经济补偿金、律师费等）?

（二）员工敬业度提升能力

企业管理五重关系、创建和谐关系的根本目的，是希望员工能够忠诚、高效、忘我地工作，这种投入的状态，叫作敬业。最早开展敬业度调查的全球知名商业调查公司盖洛普咨询公司对于敬业有类似的定义：“员工热情参与工作，并承诺将以积极的态度和方法为企业做出贡献。”

敬业与企业的绩效有正向的关系，通过测量员工的敬业度水平，可以预测企业未来的业绩发展。为了对企业员工的敬业度水平进行测量，各家咨询机构都建立了一套自己的理论。这类调研都是基于常模的相对性调研，需要与数据库进行比对，需要有标杆公司做比较。因为不同咨询公司的理论不同，背后的数据库不同，所以不同咨询公司的敬业度结果是不具有比较性的，也就是说，通过盖洛普咨询公司调研获得的敬业度数值不能直接去与怡安翰威特的敬业度数值比较。同样地，因为调研的数据是一个相对数据，即便是满分 100 分的情况下，被调研企业得了 98 分，如果不做数据库的比较、不做历史数据的比较，也没有实际意义。

盖洛普的调研问卷是由 12 个问题组成的，叫作 Q12，通过对这些问题的调研来确定企业的敬业度水平。怡安翰威特的问卷则是由 6 个敬业度问题加多个驱动因素问题组成的，6 个敬业度问题会与常模比较，反映企业的敬业度水平，驱动因素的测量结果叫作满意度，反映企业员工对某一维度的满意度水平。怡安翰威特认为驱动因素的满意度水平直接影响企业的敬业度，通过提高员工对驱动因素的满意度，就可以提高敬业度水平。北森的问卷与怡安翰威特的问卷很相似，理论也是相似的，特殊点在于北森的敬业度问题比怡安翰威特多了 4 个，聚焦在组织赋能感方面，意思是说员工的敬业度需要组织给予支持，反映的是企业是否为员工敬业创造了条件。

通过对比还可以发现，上述三家公司的问卷问题，都会涵盖五重员工关系中所有与员工相关的关系。

表 7–4 敬业度调研问卷分析

关系分类	盖洛普	怡安翰威特	北森
企业与员工	●Q1. 工作期待 ●Q2. 资源配备 ●Q7. 尊重员工	● 乐于留用 ■ 绩效管理 ■ 重视员工 ■ 资源	● 留任 ● 组织赋能感 ■ 人岗匹配 ■ 工作资源 ■ 绩效管理 ■ 企业愿景 ■ 公司文化 ■ 公司战略 ■ 重视员工
员工与他人	●Q4. 赞扬认可 ●Q5. 关心关怀 ●Q6. 激励 ●Q9/10/11. 同事关系	■ 高层领导 ■ 直接上级 ■ 同事 ■ 工作流程 ■ 认可 ■ 沟通	■ 工作流程 ■ 关注客户 ■ 高层领导 ■ 直接上级 ■ 同事关系 ■ 沟通协作 ■ 赞扬认可
员工与自我	●Q3. 优势发挥 ●Q12. 学习成长	● 乐于努力 ■ 成就感 ■ 多样化 ■ 工作 / 生活平衡 ■ 工作任务 ■ 学习与发展 ■ 职业发展 ■ 工作环境	● 努力 ● 挑战 ■ 工作环境 ■ 工作 / 生活平衡 ■ 职业发展 ■ 培训学习 ■ 自主性 ■ 挑战性 ■ 创新
员工与社会	●Q8. 使命	● 乐于宣传 ■ 薪酬 ■ 福利 ■ 公司声誉	■ 企业声誉 ■ 薪酬福利

备注：● 代表敬业度相关问题；■ 代表驱动因素相关问题。

敬业度调研是一个需要员工真实表达意见的活动，营造员工乐于表达真实意见的环境至关重要，这是敬业度调研工具信度的保证。如果企业拥有员工乐于表达真实意见的环境，敬业度调研的工具、方法、时间反倒不重要，提升敬业度，最有效的方法就是能对员工关注的事项进行及时反馈，这叫敏捷的敬业度提升方式。所以，调研环境是敬业度提升的前提，如果调研结果都不可信，敬业度提升也无从谈起。

表 7–5 敬业度调研环境点检表

序号	检查项	确认
1	管理层乐于听取不同的声音，将听取意见作为例行工作。	□
2	管理层不会对员工意见的数量、质量等提出要求。	□
3	提出意见的员工能够感受到尊重，即便意见不被接纳。	□
4	业务部门或责任人不会因为响应意见而感到压力。	□
5	员工提出意见的渠道是多样的。	□
6	员工提出意见的渠道是畅通的，可以直达管理层。	□
7	企业对于每一个意见都有反馈，包括不被接纳的意见。	□
8	企业反馈意见的方式是公开透明的。	□
9	员工不会担心因为提出意见而被批评甚至被打击报复。	□
10	企业宣传的价值观与实际行动体现的价值观是一致的。	□

企业在实施敬业度调研之后，意味着要对调研的结果进行分析，对发现的问题进行改善，这时候员工关系管理者就需要去推动分析和改善工作的落实。但是，员工敬业度的改善，就如前面提到的调研维度一样，涉及企业的方方面面，所以并不是员工关系管理者可以直接落实的，而是需要全体员工特别是管理层的参与，员工关系管理者的职责，是要建立一个改善体系，让改善能够实施。

敬业度的改善提升，一般包含数据分析、关键领域选择、原因分析、行动计划、跟踪落实等步骤。数据分析就是对敬业度调研的结果进行分析，可以从总体敬业度、人口学维度、业务领域维度、管理层级维度等进行分析。关键领域选择是指敬业度包含的维度比较多，在精力有限的情况下，是无法铺开全面改善的，要选择部分要素进行优先改善。原因分析是针对确定改善的维度，组织相关人员进行讨论，找到员工抱怨的根本原因。行动计划和跟踪落实就是针对找到的根本原因制定解决方案并加以落实。员工关系管理者需要推进这一系列改善步骤的实施。

关键领域的选择是敬业度改善中的关键步骤，如图 7-2 所示，员工关系管理者可以重点关注满意度绝对值较低且相较上次调研分数降低的领域。

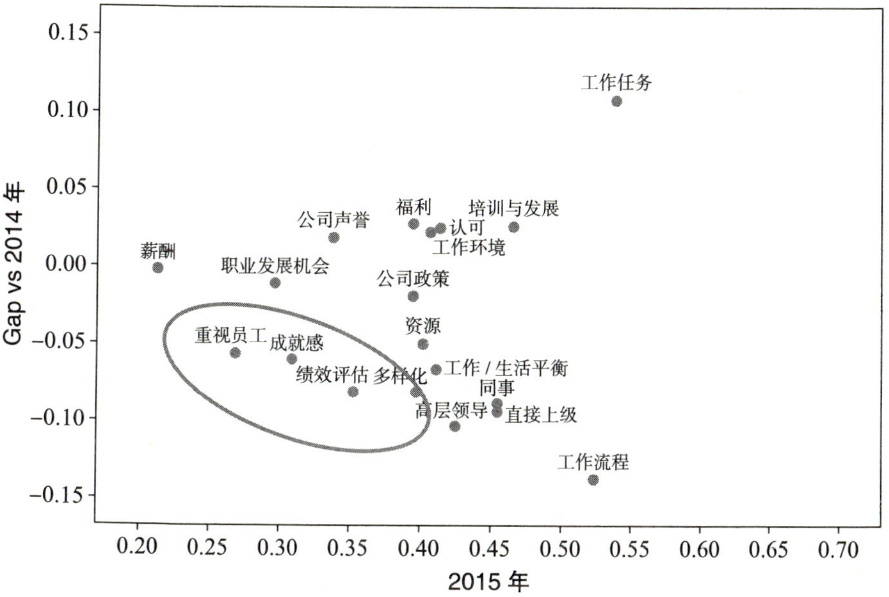

图 7–2 关键领域的选择

第三节 | 员工关系管理的业务流程

员工关系管理贯穿员工与企业建立关系的整个周期，在企业第一次与作为候选人的员工接触的时候，员工关系就已经建立了，这种关系直到员工不再关注与企业相关的信息才算结束。因此，所有人力资源管理流程都与员工关系有关，而且在其他业务领域，凡是涉及人员调整、人员奖惩甚至是沟通方式等员工管理事项的流程，同样属于员工关系管理范畴。

以下是员工关系管理者需要关注的常见流程：

◆ 员工纪律管理条例

◆ 企业文化管理流程

◆ 组织机构管理流程

◆ 职位描述书管理流程

◆ 员工招聘流程

◆ 劳动合同管理流程

◆ 入职手续办理流程

◆ 试用期管理流程

◆ 档案管理流程

◆ 薪资福利管理流程

- ◆ 考勤管理流程
- ◆ 绩效管理流程
- ◆ 培训管理流程
- ◆ 员工奖惩流程
- ◆ 员工发展流程
- ◆ 转岗及轮岗管理流程
- ◆ 内部招聘流程
- ◆ 特殊用工管理流程
- ◆ 劳动争议内部调解流程
- ◆ 离职手续办理流程

对上述流程，员工关系管理者需要从风险控制的角度进行审核，相关流程的拟定、修订环节均应由员工关系管理者进行审核会签。员工关系管理方面最为考验人的，莫过于对违纪事件的处理，特别是调查取证工作。劳动争议处理过程中，非常特别的一点是，对于员工的申诉事项，举证责任不在员工，而在企业，所以企业需要格外关注调查取证工作，如果企业的调查取证不合规，不仅会造成决策的失误，还可能给企业带来不必要的损失。

例如，某互联网公司闹得沸沸扬扬的“女员工被侵害事件”，相关的 HR 人员也被卷入其中，有的被记过，有的被迫引咎辞职。事件后来又发生了反转，网友们觉得 HR 有些冤。这个事件，就暴露出该企业在员工关系的危机处理方面流程失当，在事件的调查取证流程上做得不够扎实。如果员工关系管理者在女员工投诉的第一时间，能够按照有关流程做好取证工作的话，当事员工的行为一定会有所收敛，不会产生这么大的社会影响，相关的 HR 人员也不会被牵连。

纪委处理违纪事件有个“二十四字方针”，即事实清楚，证据确凿；定性准确，处理恰当；手续完备，程序合法。这里面提到的“程序合法”，不仅适用于公检法机关，同样也适用于企业的纪律管理部门。严格按程序处理员工关系事件十分重要，它将直接关系事件最终的性质和结果，具体的流程是：事件受理、调查取证、事件定性与处理建议、处理决定。

（一）事件受理

所谓“事件受理”，说白了就是哪些事件由人力资源部调查，哪些由部门调查，是管辖权的问题。具体来说，作为业务部门，对于本部门的人员以及进入本部门所辖工作场所的人员具有管辖权。同时，人力资源部可以直接受理员工关系事件。

（二）调查取证

收到违纪事件的报告后，首先要进行初核。确定反映的内容是否客观存在，对于确实有据可查的，则展开进一步调查。

（三）事件定性与处理建议

调查结束以后，调查组要进行讨论。对事件进行全面的分析、研究，对调取的证据进行审核、判断。在充分审查证据的基础上，根据公司的管理制度，准确定性，拟定《事件调查结果》和《处理建议书》。《事件调查结果》是汇总的事实材料，不体现处理建议，是为了在给出处理建议前让事件当事人确认事实用的。《处理建议书》则是员工关系管理者根据调查结果给出的处理建议，是支持企业内部决策和工会沟通使用的。

（四）处理决定

在内部签署完《处理建议书》后，员工关系管理者需要拟定《处理决定书》，这是通知性的文件，是需要传达给当事人或者在内部进行通报的文件。有些时候，一件事情经过调查，最终的结论可能是员工没有过错，那么也需要通过决定书的形式向当事人和参与调查的人员进行反馈。

表 7–6　常规调查问询内容

常规调查问询内容
1. 你好，我们是人力资源部的工作人员，现在找你调查了解某件事情的有关情况，希望你实事求是，做假证、伪证是要承担纪律责任和法律责任的，你听清楚了吗？
2. 为了保证我们工作的公平公正，询问的过程中会录音和录像，请你知晓。
3. 你的姓名？年龄（出生年月）？入职日期？家庭住址？联系电话？
4. 你的岗位名称？岗位职责？
5. 你是否清楚公司的《员工纪律管理条例》？
6. 采取问答的方式了解事情概况，包括时间、地点、人物、事情经过和结果。
7. 根据对象的陈述进行深入了解： ①时间要具体，明确工作时间是如何安排的，如何确定工作时间。 ②地点要明确，具体的工作地点在哪里，谁来安排。 ③涉及的人物，具体为什么会出现在事件发生地点，做了什么？ ④当事人双方，各自受到的侵害是什么？ ⑤涉及的资产，具体的来源、账目、去向都是什么？ ⑥涉及的证物，展示给当事人后询问意见。
8. 你是否还有什么要补充的？
9. 你以上谈的是否属实？
10. 让谈话对象看笔录，并签署意见：以上笔录我已看过，和我说的一样。签名、日期、按手印。

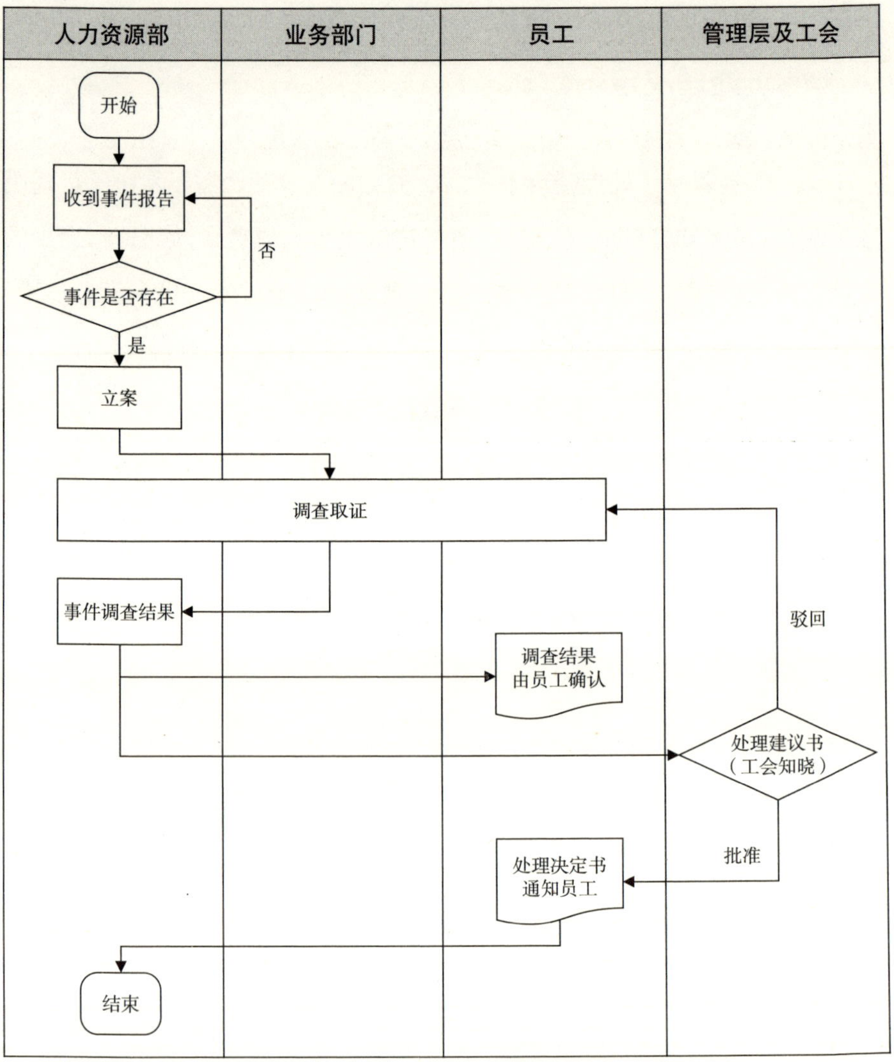

图 7–3　员工关系事件调查流程

第四节 | 常用的员工关系管理量化指标

根据量化分析的层次，指标可以分为描述型指标、分析型指标和预测型指标。本节具体罗列了常用的员工关系量化指标。

（一）描述型指标

敬业度

【定义】反映调研当期的员工的忠诚度、努力度。

【数据来源】敬业度调研。

违纪惩处总数

【定义】反映员工关系管理者的工作量，同时反映企业在员工管理方面待完善的问题点数。

【数据来源】违纪惩处记录。

劳动争议总数

【定义】反映员工关系管理者的工作量。

【数据来源】劳动争议记录。

解除/终止劳动合同数

【定义】反映员工关系管理者的工作量。

【公式】解除/终止劳动合同数 = 协商解除数 + 主动解除数 + 主动终止数

【数据来源】员工花名册。

劳动关系诉讼总数

【定义】反映企业在一定时期内发生劳动关系诉讼的总量。

【公式】劳动关系诉讼总数 = 仲裁案件数 + 法院诉讼案件数

【数据来源】劳动争议记录。

劳动争议内部调解数

【定义】反映内部调解机构的工作量。

【数据来源】劳动争议记录。

劳动争议处理成本

【定义】反映企业在劳动争议处理方面的总成本。

【公式】劳动争议处理成本 = 协商解除成本 + 终止成本 + 诉讼成本

【数据来源】财务支出记录。

（二）分析型指标

争议内部调解率

【定义】通过内部调解解决的劳动争议数占劳动争议总数的比率。

【公式】争议内部调解率 = 接受内部调解争议数 ÷ 劳动争议总数

【数据来源】劳动争议记录。

胜诉率

【定义】反映企业员工关系管理的制度完备性和管理精细度。

【公式】胜诉率 = 胜诉次数 ÷ 诉讼总数

【数据来源】劳动争议记录。

被动争议比率

【定义】反映企业的劳动关系和谐程度。

【公式】被动争议比率 = 被动劳动争议数 ÷ 劳动争议总数

【数据来源】劳动争议记录。

人均劳动争议数

【定义】反映企业的劳动关系和谐程度。

【公式】人均劳动争议数 = 劳动争议总数 ÷ 总人数

【数据来源】劳动争议记录、花名册。

人均劳动争议成本

【定义】用于反映企业的员工人均诉讼成本。

【公式】人均劳动争议成本 = 争议处理总成本 ÷ 总人数

【数据来源】财务支出记录、花名册。

违纪处理诉讼率

【定义】用于反映员工对企业管理制度的认可度。

【公式】违纪处理诉讼率 = 因违纪惩处而提起的诉讼 ÷ 违纪解除总数

【数据来源】违纪惩处记录。

员工意见响应速度

【定义】反映企业的员工意见反馈机制的有效性。

【公式】员工意见响应速度 = 员工确认解决日期 − 员工意见提交日期

【数据来源】员工意见反馈记录。

敬业度改善敏捷度

【定义】反映企业敬业度改善机制的效率。

【公式】敬业度改善敏捷度 =（改善完成日期 − 计划制订日期）÷（改善完成日期 − 调研启动日期）

【数据来源】敬业度改善记录。

敬业度改善计划公开度

【定义】改善计划的宣贯人数占总人数的比率，反映企业与员工沟通环境的宽松度。

【公式】敬业度改善计划公开度 = 已宣贯人数 ÷ 总人数

【数据来源】敬业度改善记录、花名册。

敬业度改善计划完成率

【定义】反映企业敬业度的提升空间。

【公式】敬业度改善计划完成率 = 已完成行动计划 ÷ 行动计划总数

【数据来源】敬业度改善记录。

（三）预测型指标

员工关系风险可控度

【定义】反映企业劳动风险的控制水平。

【公式】员工关系风险可控度 = 可控的风险数 ÷ 风险点检表项目总数

【数据来源】员工关系风险点检表。

第八章　流程效率的量化

第一节 | 人力资源内部的流程关系

如果我们去一家企业对标学习，揭开这家企业的面纱，向内观望，首先看到的应该是各种职能，但是职能分工并不能告诉我们工作是如何开展的，所以，如果只是停留在职能视角，我们就无法真正了解组织的运行方式，也就无法学以致用，无法提升自身绩效。

就拿“三支柱转型”这件事情来说吧，似乎每个人力资源管理者都可以对专家中心（COE）、服务中心（SSC）、业务伙伴（HRBP）的职能侃侃而谈，对华为、阿里、腾讯等企业的人力资源管理职能划分评头论足，颇有指点江山的意味，可具体到某一项业务的操作流程的时候，又有多少人能说清楚呢？

近年来，许多企业都提出向华为学管理，倘若只是关注职能变化，多半是一知半解，搞不好会成了邯郸学步。要想学习管理经验，我们应当换个视角，深入职能的内部，关注流程。什么是流程？流程就是为完成业务而开展的有序活动。

如果一家企业的人力资源部门建立了 COE、SSC、HRBP 三个职能团队，但是业务流程仍然沿用原有的流程，那么这只是更名和重新分工而已，空有躯壳而没有灵魂，根本谈不上变革，这是许多企业人力资源转型失败的主要原因。成功的转型需要从理念方面进行彻底转变，然后对业务流程进行重新梳理，最后才是基于流程的组织调整。流程是组织的基础，流程决定组织。

对人力资源管理的流程进行量化，根本目的之一便是提高企业人力资源管理的业务效率，核心是要对人力资源部门内部的流程关系进行梳理。以人员信息的收集为例，在过去事务型人力资源管理阶段，各人力资源团队基本上是各自为战的，关注行政管理而非服务，所以会出现多次收集员工信息的情形：

- 在招聘阶段，候选人会投递个人简历，里面自然包含个人信息，可即便如此，招聘管理者可能还会让候选人填写《应聘申请表》之类的表格，按照企业的需要收集信息。
- 在入职阶段，员工关系管理者为了建立员工档案，会要求员工重新填写基本信息，即便简历等录用材料也会存档。这时的表格可能仅关注从业经历，而不会包含项目感受。
- 在发展阶段，企业为了进行人才盘点或者为了进行人才选拔，还会再次要求员工填写基本信息，当然，这时候可能还会增加些绩效信息、培训信息等。
- 在离职阶段，员工的《离职申请表》上，可能仍然需要填写一些基本信息，如入职日期、工作岗位等。

后来，进入战略型人力资源管理阶段，提出了“三支柱转型”，人力资源开始关注对战略、业务和员工的服务。这时的人员信息收集，就应该基于服务员工的角度考虑，人力资源各团队就需要做到信息共享。

- 在招聘阶段，企业收集到的候选人信息就应该是全面的，符合企业需要的。
- 在入职阶段，员工仅需要对企业提供的基本信息进行确认，不需要重新提交。

◆ 在发展阶段，员工的信息应该是实时更新的，绩效如何、培训经历、家庭地址变化等，可以根据需要调用。

在这一阶段，不仅要服务于外部，还要关注内部团队之间的服务关系。例如，过去的业务逻辑是招聘团队把人员异动信息、员工关系团队把奖惩信息、绩效团队把绩效评价结果等定期发给薪酬团队，然后薪酬做工资。转型之后，业务逻辑就应该变化，应该是所有的业务信息会实时更新到共享中心，各团队按需按权限取用，不再需要团队之间单独的信息传递了。

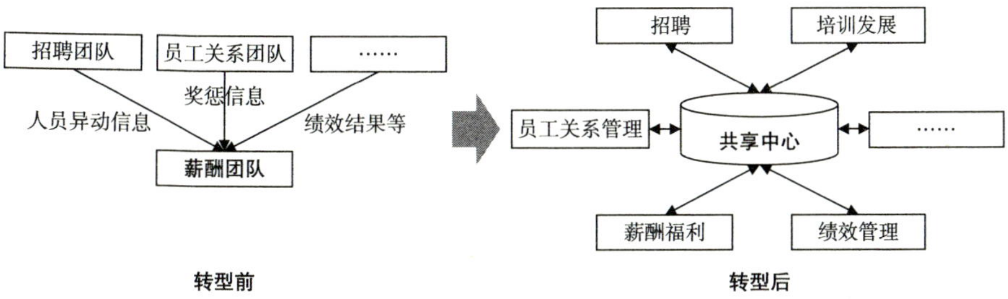

图 8–1　转型前后的流程变化

看到这儿，或许有人会说，共享中心的想法不错，可是需要系统支持，需要信息化投资，成本很高。事实上，并非如此！转型的核心并不是软硬件设施的建设，而是工作思路和工作流程的变革。如果确定了服务共享的工作模式，在没有系统的情况下，实现的方式依然很多，如传统的档案室、内部局域网共享等都可以实现信息共享。即便是需要开发信息化系统，也需要以共享模式下的业务流程变革为前提依据，系统只是实现流程的工具而已。

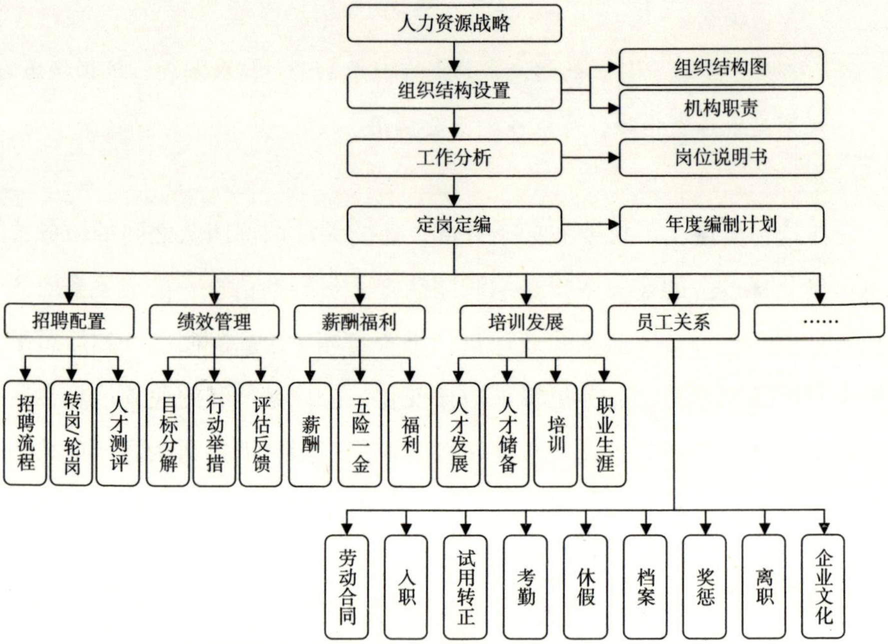

图 8-2 人力资源流程总图

作为人力资源管理者，需要对人力资源管理的流程有全局化的认识和思考。因为在流程管理和分析方面，最常用的是质量管理专家戴明提出的组织系统模型，也叫 SIPOC 模型，它从供应商（Supplier）、输入（Input）、程序（Process）、输出（Output）、客户（Customer）五个要素对流程进行分析，所以表 8-1 就按照模型对核心的人力资源管理流程进行了整理。由于各个企业的人力资源分工不同，所以表 8-1 中没有体现具体的业务团队，而是统一为“人力资源管理者”。

表 8-1　核心人力资源管理流程的 SIPOC 分析

流程名称	供应商（S）	输入（I）	程序（P）	输出（O）	客户（C）
人力资源规划流程	企业负责人 业务负责人	愿景、使命、价值观 企业战略 业务战略	1. 内外部环境分析 2. 需求及供给预测 3. 现状及问题分析	人力资源战略 中、长、短期目标 行动计划	企业负责人 业务负责人 人力资源管理者
组织管理流程	企业负责人 业务负责人 人力资源管理者	愿景、使命、价值观 企业战略 业务战略 人力资源战略 组织架构及流程	1. 需求及目标分析 2. 现状及问题分析 3. 可行性分析	组织架构 组织职能分解 业务流程图	企业负责人 业务负责人 人力资源管理者
工作分析流程	业务负责人 员工 人力资源管理者	组织架构 业务流程 工作内容 工作分析方法	1. 工作名称分析 2. 工作环境分析 3. 工作规范分析 4. 工作条件分析	岗位说明书 / 职位描述书 作业指导书 / 工作规范 岗位权责矩阵 岗位体系	业务负责人 员工 人力资源管理者
定编定员流程	企业负责人 业务负责人 人力资源管理者	岗位体系 企业任务目标 岗位说明书 作业指导书 定编定员方法	岗位编制计算	岗位编制计划	企业负责人 业务负责人 人力资源管理者

续表

流程名称	供应商（S）	输入（I）	程序（P）	输出（O）	客户（C）
职工代表大会流程	企业负责人 员工 工会 人力资源管理者	职工代表大会 法律法规	1. 核实出席情况 2. 工作报告 3. 专项提案报告 4. 会议落实情况报告 5. 闭会期间重大事项报告 6. 分组讨论 7. 代表汇报及发言 8. 选举 9. 议题表决 10. 闭幕	各类职工代表 集体合同 员工手册 管理制度等	员工 人力资源管理者
招聘需求审批流程	业务负责人	岗位编制计划 岗位说明书	招聘需求申请及审批	招聘目标表	人力资源管理者
招聘实施流程	人力资源管理者	招聘目标表 岗位说明书 法律法规	1. 广告发布 2. 简历筛选 3. 邀约 4. 面试	面试结果	候选人 业务负责人 人力资源管理者

续表

流程名称	供应商（S）	输入（I）	程序（P）	输出（O）	客户（C）
招聘录用审批流程	人力资源管理者	面试结果 薪酬体系 薪酬市场情况 法律法规	招聘录用申请及审批 薪资建议及审批	录用决定	业务负责人 人力资源管理者
招聘体检流程	候选人 人力资源管理者	录用决定 法律法规	安排体检	体检结果	候选人 业务负责人 人力资源管理者
Offer 流程	人力资源管理者	录用决定 体检结果 法律法规	Offer 制作与谈判	Offer 结果 背调信息表	候选人 业务负责人 人力资源管理者
背调流程	外部服务机构	背调信息表 候选人简历 背调需求表 法律法规	背景调查	背调结果	候选人 业务负责人 人力资源管理者
入职流程	候选人 业务负责人 人力资源管理者	背调结果 招聘目标表 法律法规	1. 协调入职时间 2. 发出入职通知 3. 办理入职手续	员工到岗 员工花名册 试用期目标表	员工 业务负责人 人力资源管理者
劳动合同签订流程	人力资源管理者	Offer 法律法规	劳动合同拟定与签订	劳动合同书 保密协议 竞业禁止协议	员工 人力资源管理者

续表

流程名称	供应商（S）	输入（I）	程序（P）	输出（O）	客户（C）
入职培训流程	业务负责人 人力资源管理者	入职通知 试用期目标表 法律法规	入职培训实施及评估	入职培训记录	员工 业务负责人 人力资源管理者
试用期管理流程	业务负责人	试用期目标表 试用期绩效评估 法律法规	转正申请及审批	试用期转正审批表	员工 业务负责人 人力资源管理者
绩效目标设定流程	员工 业务负责人 人力资源管理者	业务目标 绩效管理要求	1. 绩效目标分解 2. 绩效目标沟通	部门绩效目标表 员工绩效目标表	员工 业务负责人 人力资源管理者
绩效管理流程	员工 业务负责人 人力资源管理者	部门绩效目标表 员工绩效目标表	1. 绩效跟踪 2. 绩效评价 3. 绩效反馈 4. 绩效申诉	绩效评价结果 绩效改进计划 员工发展需求	员工 业务负责人 人力资源管理者
培训计划制订流程	企业负责人 员工 业务负责人 人力资源管理者	人力资源战略 中、长、短期目标 行动计划 员工发展需求 法律法规	1. 培训需求分析 2. 培训目标设定 3. 培训资源配置 4. 培训预算分配	公司级培训计划 部门级培训计划 个人发展计划	企业负责人 员工 业务负责人 人力资源管理者

续表

流程名称	供应商（S）	输入（I）	程序（P）	输出（O）	客户（C）
培训实施流程	员工 业务负责人 人力资源管理者	公司级培训计划 部门级培训计划 个人发展计划 培训资源和预算 法律法规	1. 培训通知 2. 培训活动组织 3. 培训效果评估	培训评估结果 培训服务协议	员工 业务负责人 人力资源管理者
人才发展流程	员工 业务负责人 人力资源管理者	企业文化 任职资格要求 员工发展体系 绩效评价结果 转岗 / 轮岗制度 奖惩记录 法律法规	1. 人才盘点 2. 人才校准会	人才发展计划 转岗 / 轮岗计划 岗位 / 岗级调整 员工通知记录 员工异动档案	员工 业务负责人 人力资源管理者
转岗 / 轮岗流程	员工 业务负责人 人力资源管理者	转岗 / 轮岗计划 转岗 / 轮岗制度 奖惩记录 员工手册 法律法规	1. 员工沟通 2. 工作交接 3. 岗位培训	转岗通知书 工作交接清单 员工异动档案	员工 业务负责人 人力资源管理者

续表

流程名称	供应商（S）	输入（I）	程序（P）	输出（O）	客户（C）
考勤排班流程	人力资源管理者	工时类型 节假日安排 企业任务目标 考勤管理制度 法律法规	1. 工作量分析 2. 加班小时数预测	排班计划	员工 业务负责人 人力资源管理者
考勤管理流程	员工 业务负责人 人力资源管理者	工时类型 排班计划 员工出勤记录 法律法规	1. 出勤结果确认 2. 休假申请审批	员工考勤结果	员工 业务负责人 人力资源管理者
奖惩流程	员工 业务负责人 人力资源管理者	员工手册 保密协议 竞业禁止协议 奖惩事件 法律法规	1. 事件调查取证 2. 奖惩申请审批 3. 奖惩通知送达	奖惩佐证材料 奖惩决定 员工异动档案 员工通知记录	工会 员工 业务负责人 人力资源管理者
调薪流程	业务负责人 人力资源管理者	员工异动档案 调薪申请 薪酬体系 社保缴费基数 法律法规	1. 薪酬调整核算 2. 调薪申请审批	员工通知记录 员工薪资标准	员工

续表

流程名称	供应商（S）	输入（I）	程序（P）	输出（O）	客户（C）
薪酬发放流程	人力资源管理者	员工薪资标准 员工考勤结果 绩效评价结果 奖惩决定 薪酬体系	1. 薪酬核算 2. 发薪申请审批 3. 代扣代缴 4. 薪酬申诉确认	工资条 社保公积金等缴纳记录 财务银行报盘	员工 企业负责人
离职申请流程	员工	离职申请 培训服务协议 竞业禁止协议 法律法规	1. 离职面谈 2. 权利义务澄清 3. 离职申请审批	离职申请审批记录	员工 业务负责人 人力资源管理者
离职手续办理流程	员工 业务负责人	离职申请审批记录 工作交接安排 领用物品记录 财务往来记录 权限授予记录 法律法规	1. 工作交接 2. 物品归还 3. 财务清算 4. 权限关闭	工作交接清单 离职手续办理记录 员工异动档案	员工 业务负责人 人力资源管理者

第二节 | 人力资源的流程效率提升

瓶颈理论指出，任何一个链条的牢固程度取决于它最薄弱的一环，只有从最薄弱的一环着手，才可以获得显著的改善。二八法则也指出，解决问题要优先抓住 20% 的关键少数。因此，人力资源流程效率提升的第一步，也是要先找到流程中的关键环节，我们可以通过流程影响关系矩阵、流程风险分析矩阵、流程价值矩阵等工具找到它们。

（一）流程影响关系矩阵

流程影响关系矩阵用于确定各流程的相对重要度，显示的是流程之间的关系以及一个流程对另一个流程的影响。如图 8–3 所示，矩阵的横轴和纵轴排列的是一一对应的流程，人力资源管理者需要逐行确认该流程对其他各列流程的影响。

打分的方法是，如果不执行该流程，某列流程仍可正常运行，则说明该流程对该列流程的影响度较低，可以打一个较低的分数；如果不执行该流程，某列流程可能无法运行，则说明该流程对该列流程的影响度非常高，可以打一个较高的分数；如果该流程对某列流程有影响，但不会造成流程无法运行，则该流程对该列流程的影响度居中。

通过评估，就可以得出每个流程的综合重要程度，可以将排名靠前的流程作为重点管理和优化对象，以提高管理效率。

流程影响关系矩阵	人力资源规划流程	组织管理流程	工作分析流程	定编定员流程	职工代表大会流程	招聘需求审批流程	招聘实施流程	招聘录用审批流程	招聘体检流程	Offer 流程	背调流程	入职流程	劳动合同签订流程	入职培训流程	试用期管理流程	绩效目标设定流程	绩效管理流程	培训计划制订流程	培训实施流程	人才发展流程	转岗 / 轮岗流程	考勤排班流程	考勤管理流程	奖惩流程	调薪流程	薪酬发放流程	离职申请流程	离职手续办理流程	总分	重要度排名
人力资源规划流程		10	6	8	6	9	4	4	0	8	0	0	0	6	0	0	0	6	6	9	6	0	0	0	10	4	0	0	102	3
组织管理流程	8		10	9	0	8	8	8	0	0	0	2	0	4	4	3	3	0	0	6	6	0	0	0	0	0	0	0	79	4
工作分析流程	8	9		10	6	8	5	6	6	3	3	3	3	3	3	6	6	6	1	3	3	3	1	1	3	1	0	0	110	2
定编定员流程	8	9	8		6	10	5	6	0	3	0	3	3	1	1	0	0	0	0	3	3	1	1	0	0	0	0	0	71	5
职工代表大会流程	8	8	3	8		0	0	0	3	3	0	3	6	3	6	6	6	6	6	8	8	6	6	8	8	6	0	0	125	1
招聘需求审批流程	0	0	0	6	0		8	8	3	3	1	1	1	1	1	1	1	0	0	1	1	1	0	0	0	0	0	0	38	15
招聘实施流程	0	0	0	6	0	1		8	3	3	1	1	1	3	1	1	1	0	0	1	0	0	0	0	0	0	0	0	31	23
招聘录用审批流程	0	0	0	6	0	3	3		3	3	1	1	1	8	3	3	3	1	1	1	1	1	1	0	0	0	0	0	44	10
招聘体检流程	0	0	0	3	0	0	3	10		3	1	1	6	3	1	0	0	0	0	0	1	0	0	0	0	0	0	0	32	22
Offer 流程	0	0	0	3	0	0	3	6	1		1	1	6	1	0	0	0	0	0	0	0	0	0	0	1	1	0	0	24	24
背调流程	0	0	0	0	0	0	3	6	1	1		1	3	1	0	0	0	0	0	0	0	0	0	0	0	0	0	0	16	26
入职流程	0	0	0	3	0	0	3	3	1	0	1		1	3	3	6	3	3	1	1	1	1	1	1	1	1	1	1	40	13
劳动合同签订流程	0	0	0	0	6	0	0	0	0	0	1	3		3	6	3	6	0	0	3	3	1	1	1	1	1	1	1	41	11
入职培训流程	0	0	0	0	3	0	0	0	0	0	0	8	0		5	5	5	1	1	1	1	1	1	1	0	0	0	0	33	20
试用期管理流程	0	0	0	0	3	0	3	0	0	0	0	8	8	1		3	3	1	1	1	1	1	1	1	0	0	0	0	36	18
绩效目标设定流程	3	1	1	0	5	0	1	0	0	0	0	1	6	3	3		6	5	3	6	3	0	0	6	6	1	0	0	60	6
绩效管理流程	3	1	1	0	5	0	1	0	0	0	0	1	3	1	3	6		3	3	6	3	1	1	6	6	1	0	0	55	7
培训计划制订流程	3	1	1	0	5	0	0	0	0	0	0	1	3	3	1	2	1		9	6	3	1	1	0	0	0	0	0	41	11
培训实施流程	3	1	1	0	5	0	0	0	0	0	0	1	3	3	1	2	1	6		6	3	1	1	1	1	0	0	0	40	13
人才发展流程	3	1	1	0	6	0	0	0	0	0	0	1	3	0	1	1	3	5	8		3	0	0	6	6	0	0	0	48	8
转岗 / 轮岗流程	3	1	3	0	6	0	0	0	0	0	0	1	3	1	1	1	3	3	3	9		0	0	3	3	3	0	0	47	9
考勤排班流程	0	0	3	0	6	0	0	0	0	0	0	1	3	1	1	1	1	1	1	0	0		10	1	1	6	0	0	37	16
考勤管理流程	0	0	3	0	6	0	0	0	0	0	0	1	3	1	1	1	1	1	1	0	0	8		3	1	6	0	0	37	16
奖惩流程	0	0	0	0	6	0	0	0	0	0	0	1	3	0	0	3	3	0	0	3	1	1	3		3	6	0	0	33	20
调薪流程	3	0	0	0	6	0	0	0	0	0	0	1	3	0	0	3	3	0	0	3	1	0	1	3		8	0	0	35	19
薪酬发放流程	0	0	0	0	6	0	0	0	0	0	0	1	3	0	0	0	0	0	0	0	0	0	3	3	6		1	1	24	24
离职申请流程	0	0	0	0	1	1	0	0	0	0	0	1	3	0	0	0	0	0	0	0	0	0	0	1	0	0			7	28
离职手续办理流程	0	0	0	0	1	1	0	0	0	0	0	1	3	0	0	0	0	0	0	0	0	0	0	1	0	1	0		8	27

图 8-3 流程影响关系矩阵

（二）流程风险分析矩阵

除了重要度较高的流程，人力资源管理者还需要关注风险较高的流程，这时，流程风险分析矩阵就可以发挥作用了。如图 8–4 所示，矩阵左侧是流程清单，按照操作风险、财务风险、法律风险三个维度对每个流程进行风险评估。

- 操作风险是指业务开展的难度，可能因为操作不当带来流程运行困难的风险。
- 财务风险是指流程对财务的影响程度，流程运行失当会给企业带来的财务风险。
- 法律风险是指法律对流程的严苛程度，流程运行失当将给企业带来的法律风险。

使用方法是对流程进行逐个评价，分别评价操作风险、财务风险和法律风险，如果有其他风险的考察维度，企业可自行添加，如廉洁风险。对于风险较高的，就给一个较高的分值，风险较低的，就给一个较低的分值。计算每个流程的风险评估分数之和并排序，就可以确定管理风险较高的流程了。

流程风险分析矩阵	操作风险	财务风险	法律风险	总分	重要度排名
人力资源规划流程	4	2	1	7	9
组织管理流程	5	3	1	9	3
工作分析流程	4	3	1	8	7
定编定员流程	4	3	1	8	7
职工代表大会流程	3	1	5	9	3
招聘需求审批流程	1	3	0	4	22
招聘实施流程	1	3	2	6	14
招聘录用审批流程	1	1	1	3	28
招聘体检流程	2	2	2	6	14
Offer 流程	2	3	2	7	9
背调流程	1	2	1	4	22
入职流程	1	1	2	4	22
劳动合同签订流程	2	1	4	7	9
入职培训流程	1	1	2	4	22
试用期管理流程	2	1	3	6	14
绩效目标设定流程	1	1	3	5	20
绩效管理流程	1	1	3	5	20
培训计划制订流程	1	1	2	4	22
培训实施流程	1	3	2	6	14
人才发展流程	3	2	1	6	14
转岗 / 轮岗流程	4	1	4	9	3
考勤排班流程	2	2	3	7	9
考勤管理流程	2	1	3	6	14
奖惩流程	3	4	3	10	2
调薪流程	4	5	3	12	1
薪酬发放流程	2	5	2	9	3
离职申请流程	1	2	1	4	22
离职手续办理流程	2	2	3	7	9

图 8–4　流程风险分析矩阵

（三）流程价值矩阵

确定重点流程的另一种方法是流程价值分析。使用流程价值矩阵，从流程对企业的价值和对员工的价值两个维度进行分析，对双方都有价值的流程，应当作为重点优先开展，实现从 0 到 1 的创新和从 1 到 100 的完善；反之，则要审视流程是否冗余，可否删减。

矩阵的使用方法是，把流程逐一按照对股东有无价值、对员工有无价值进行分析，然后放入九宫格。九宫格的顺序是按照管理者时间精力的分配建议进行排列的，第 9 类工作因为对股东、对员工都没有价值，这类工作应当逐步减少。第 8 类工作对员工和企业都有伤害，如劳动争议处理，可这种流程属于应急响应流程，必须要存在，以备不时之需。

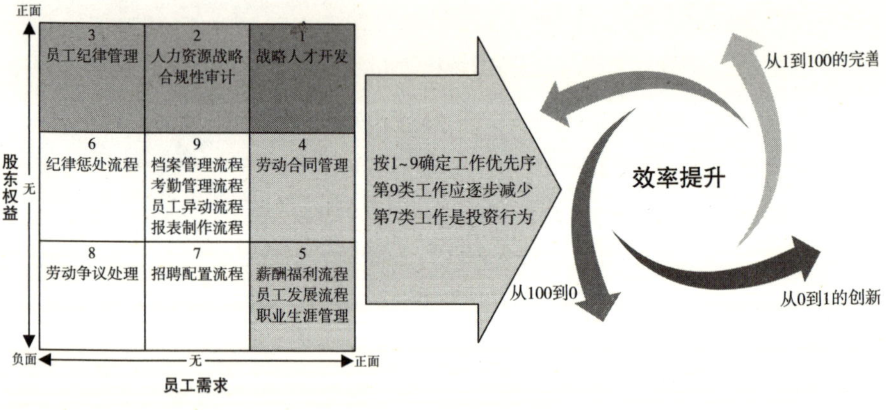

图 8–5　流程价值矩阵

（四）流程效率的提升方法

重点流程选定之后，就可以着手提高流程效率了，常用的方法有对标法、ECRS 法、ESEIA 法、PDCA 法、6σ 法等。

流程标准时长

【定义】反映某个流程在常规状态下的流转时长，是该流程各环节标准时长的总和。

【数据来源】流程图。

流程发起次数

【定义】反映所有流程或某个流程的发起总次数。

【数据来源】流程记录。

流程满意度

【定义】反映员工对人力资源流程的满意程度。

【数据来源】流程满意度调研。

（二）分析型指标

流程时长达标率

【定义】反映某个流程平均的执行效率，也可反映流程标准时长的科学性。

【公式】流程时长达标率 = 时长达标次数 ÷ 流程执行次数 ×100%

【数据来源】流程图、流程记录。

节点时长达标率

【定义】反映某个流程各环节的执行效率，也可反映节点标准时长的科学性。

【公式】节点时长达标率 = 时长达标次数 ÷ 节点执行次数 ×100%

【数据来源】流程图、流程记录。

节点退回率

【定义】反映流程某个节点发生回退的频次，侧面说明该节点执行标准的清晰度。

【公式】节点退回率 = 节点退回次数 ÷ 节点执行次数 ×100%

【数据来源】流程记录。

流程完成率

【定义】反映某个流程完成执行的程度，越高说明流程标准越清晰。

【公式】流程完成率 = 完成的流程总数 ÷ 发起的流程总数 ×100%

【数据来源】流程记录。

流程使用频率

【定义】反映某个流程被使用的频率程度。

【公式】流程使用频率 = 周期内流程发起次数 ÷ 统计周期 ×100%

【数据来源】流程记录。

流程信息化率

【定义】反映人力资源管理的信息化水平和无纸化办公水平。

【公式】流程信息化率 = 线上流程数 ÷ 流程总数 ×100%

【数据来源】流程发布记录、流程上线记录。

数据共享率

【定义】反映人力资源管理的数据共享水平，同时体现系统的使用效率。

【公式】数据共享率 = 系统提供的数据输入数 ÷ 流程数据输入总数 ×100%

【数据来源】流程图、数据来源记录。

（三）预测型指标

流程风险可控度

【定义】反映人力资源流程的风险可控水平。

【公式】流程风险可控度 = 风险可控流程数 ÷ 流程总数 ×100%

【数据来源】流程风险评估记录。

增值节点率

【定义】反映某个流程的价值。

【公式】增值节点率 = 增值节点数 ÷ 节点总数 ×100%

【数据来源】流程图。

第九章　人力成本的量化

第一节 | 人力成本的构成

（一）费用、成本、支出

有个朋友是一家企业的 HR 经理，他曾经问过我一个问题，说他们企业最近效益不好，财务本来要求所有部门的预算来年都要砍 10%，他因为各种理由实在没办法达标，财务就跟他商量，说 10% 的要求肯定是要执行的，看能不能把某些预算划入成本，不影响 HR 使用，同时费用预算也减少了。他同意了，但是心里始终犯嘀咕，给我的总盘子没变，怎么预算挪一下就能完成减少 10% 的目标了？

这就是财务思维和业务思维的区别所在吧！在业务看来没有区别的成本和费用，在财务领域有着特定的含义，也有着不同的财务管理方式。

还是拿前面的故事来说，对 HR 来讲，自己做的预算都可以算作成本，不管是招聘费、劳务工管理费，还是工资，都是成本，反正都是企业要花的钱，把它们都叫作费用或者支出也没什么区别，都是一个意思。

但对财务来说，还真不一样，在会计专业里，费用、成本、支出都属于专业词汇，有不同的含义。

费用，在企业会计准则里是指为日常活动中发生的、会导致所有者权益减少的、与利润分配无关的（指现金分红）利益总流出。所以，这里的费用包括了成本（营业成本）和费用（期间费用）。它与资产、负债、所有者权益、收入、利润并称会计六大要素。

> **企业会计准则——基本准则**
>
> **财政部令第 76 号**
>
> 第七章　费用
>
> 第三十三条　费用是指企业在日常活动中发生的、会导致所有者权益减少的、与向所有者分配利润无关的经济利益的总流出。
>
> 第三十四条　费用只有在经济利益很可能流出从而导致企业资产减少或者负债增加、且经济利益的流出额能够可靠计量时才能予以确认。
>
> 第三十五条　企业为生产产品、提供劳务等发生的可归属于产品成本、劳务成本等的费用，应当在确认产品销售收入、劳务收入等时，将已销售产品、已提供劳务的成本等计入当期损益。
>
> 企业发生的支出不产生经济利益的，或者即使能够产生经济利益但不符合或者不再符合资产确认条件的，应当在发生时确认为费用，计入当期损益。
>
> 企业发生的交易或者事项导致其承担了一项负债而又不确认为一项资产的，应当在发生时确认为费用，计入当期损益。
>
> 第三十六条　符合费用定义和费用确认条件的项目，应当列入利润表。

成本，为生产某种产品、提供某种服务或开展某项活动而发生的与之相关的各种耗费的总和，是对象化的费用。在会计中，将各种费用按照某种类别进行汇总的过程，叫作归集。所以，成本是完成了归集的费用。成本可以分为合同成本、人力成本等。

支出，是指企业生产经营过程中为达到特定目的而产生的消耗资源。支出的种类有很多，一般以支出的目的归类，如为了偿还借款而产生的支出叫作偿债性支出，为了分配利润而产生的支出叫作分配性支出等。企业各项支出中除去偿债性支出和分配性支出以外的部分都属于费用和成本。

说了这么多，估计您还是一头雾水，故事中的财务是如何做到预算调整的呢？我们来看看下面的几个会计公式：

收入 - 费用 = 利润（会计恒等式之一，没有单独提成本，费用包含了成本）

费用＝营业成本＋期间费用（费用的构成，这里提到了营业成本）

营业成本＝制造费用＋原材料＋……（营业成本的构成）

期间费用＝管理费用＋销售费用＋财务费用（期间费用的构成）

营业成本的核算是与产品生产和销售直接相关的，期间费用与生产无直接关系，是按照会计年度进行结算的，所以二者的管理方式不同，管控费用预算就是对期间费用进行管控。

故事中，朋友是 HR 部门的，从财务的角度看，HR 的预算分布在制造费用、管理费用、销售费用和财务费用里。例如，与产品生产相关的工人工资，属于制造费用，是算在营业成本里的；生产管理人员的工资，属于管理费用，是算在期间费用里的。财务部门发现，HR 的期间费用中，有一部分费用与生产工人直接相关，受生产计划的影响，所以可以调整到制造费用里，作为营业成本进行管理。于是，管理费用的总额就降低了。

朋友当时开心极了，他盘算着让财务把所有的 HR 预算都调整到营业成本去，省得年年预算年年砍。我赶紧制止了他这种想法，我对他说，财务这种调整不可能这么随意。因为营业成本与产品售价直接相关，产品售价又与销项税直接相关，按照道理来说，营业成本增加，产品的售价也应增加，销项税自然也会增加。如果成本增加了而价格不变，这会让人怀疑你们想偷税，税务机关会要求你们的财务部门做出解释的，而且这种做法今后要持续下去，不可以调回了。

（二）人力成本

HR 关注的人力成本，也可以叫人工成本、人力费用，是指企业在一定时期内，在生产、经营和提供劳务活动中因使用劳动力而支付的所有直接费用和间接费用的总和。企业管理者、HR 管理人员在日常管理中要避免以下误区。

1. 认识的误区

①人力成本就是工资。工资和福利等支出是所有的人都能想到的人力成本，但这绝对不是全部。企业的人力成本还包括五险一金的支出、招聘成本的支出、培训费用的支出、离职补偿的支出等。以某市为例，如果企业年度调薪后，员工应发的月薪增长了5%，那么企业的人力成本增加约为7.09%，公式中的数字代表的是企业负担的五险一金比例，占到员工月薪的41.8%。

人力成本增加额≈职工薪酬总额 ×5%×（1+20%+9%+1.5%+0.5%+0.8%+10%）

20%——养老保险

9%——医疗保险

1.5%——失业保险

0.5%——工伤保险

0.8%——生育保险

10%——住房公积金

表9–1 人力成本的构成（不含机会成本）

员工在企业的职业阶段	显性成本	隐性成本
招聘阶段：人才获取成本	中介费 猎头费 安家费	广告费 渠道维护费 测评费 体检费 差旅费（交通/住宿/伙食） 企业奖学金 校企合作费 其他雇主品牌建设费

续表

员工在企业的职业阶段	显性成本	隐性成本
培训阶段：人才开发成本	机构讲师费 教材 / 资料费 继续教育费 网络学习账号费	差旅费（交通 / 住宿 / 伙食） 培训场地费 设施设备费 签证费 翻译费
工作阶段：人才使用成本	基本工资 绩效工资 加班费 津补贴 奖金 社保 公积金 年假补偿费 福利费 残疾人就业保障金	上岗证书年审费 雇主责任险 宿舍租赁费 劳保费 特殊岗位体检费 调研费 劳务派遣费 劳务外包费 实习生管理费 档案管理费 办公场地费 设施设备费 办公用品费
离职阶段：人才退出成本	经济补偿金 代通知金 协商解除费 一次性伤残就业补助金	劳动仲裁相关费用 争议诉讼相关费用 离退休员工关怀费用

②人力成本就是花钱。人才是企业的资本，这是大多数企业管理者都认同的，但是真正需要投入的时候，往往做法比说法更诚实。人力成本的投入不像其他经营支出一样能够快速看到回报，而且很难核算，所以压缩人力成本，仍然是大多数企业提高人力资源效率时的首选项。理论上人力成本投资回报逻辑是通过增加人力资源投资，可以实现人力资源效率提升，进而提升企业效率，增强企业的竞争力。但是由于人力效率太难核算了，所以企业更倾向于保守的投资策略，期望通过减少人力成本且维持企业效

率不变的方式，实现竞争力的增强。保守策略的背后是一个保本的假设，即便企业效率降低了，至少人力方面的投入变化是同向的。可这种假设本身就很矛盾，不是因为人力效率难以核算才选择保守策略的吗？最后又如何衡量人力效率不会降低呢？如果能够衡量人力效率，为何不采取理论的投资策略呢？

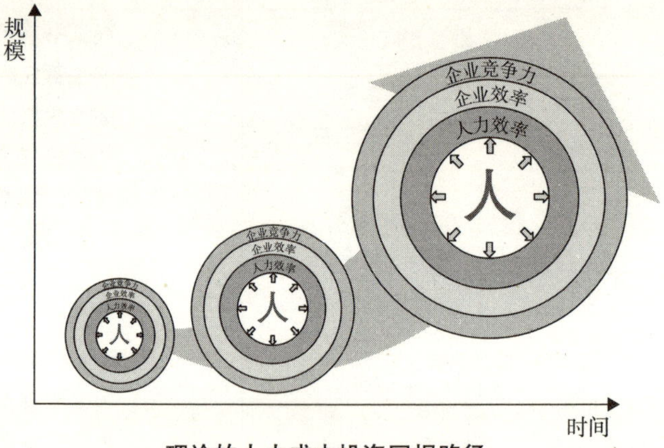

理论的人力成本投资回报路径

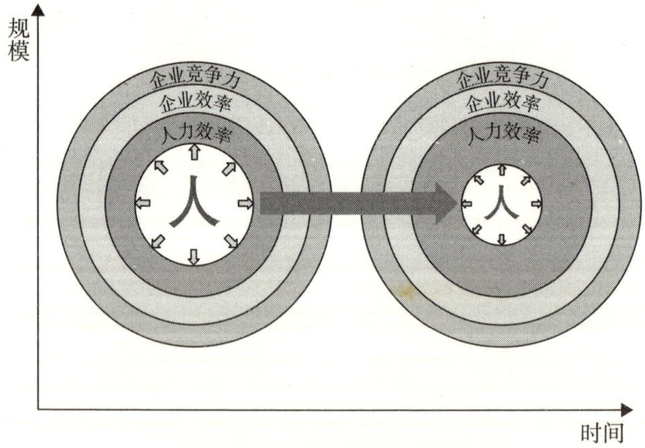

企业的人力成本投资回报策略

图 9-1　人力成本的投资回报路径比较

2. 管理的误区

①只管总量不管比例。所谓只管总量，是指企业管理者只关心工资总

表 9-3 成本类科目

编号	会计科目名称	编号	会计科目名称
5001	生产成本	5401	工程施工
5101	制造费用	5402	工程结算
5201	劳务成本	5403	机械作业
5301	研发支出		

损益类科目是指核算企业取得的收入和发生费用的科目，其中的“销售费用”“管理费用”科目就分别包含销售人员、行政管理人员的薪酬和福利支出。诉讼费用会被计入“营业外支出”。

表 9-4 损益类科目

编号	会计科目名称	编号	会计科目名称
6001	主营业务收入	6411	利息支出
6011	利息收入	6421	手续费支出
6021	手续费收入	6501	提取未到期责任准备金
6031	保费收入	6502	提取保险责任准备金
6032	分保费收入	6511	赔付支出
6041	租赁收入	6521	保户红利支出
6051	其他业务收入	6531	退保金
6061	汇兑损益	6541	分出保费
6101	公允价值变动损益	6542	分保费用
6111	投资收益	6601	销售费用
6201	摊回保险责任准备金	6602	管理费用
6202	摊回赔付支出	6603	财务费用
6203	摊回分保费用	6604	勘探费用
6301	营业外收入	6701	资产减值损失
6401	主营业务成本	6711	营业外支出
6402	其他业务成本	6801	所得税
6405	营业税金及附加	6901	以前年度损益调整

所有者权益类科目是反映所有者权益增减变动的科目，说得直白一点就是反映股东收益增加或者减少的科目。其中的“利润分配”一项就包含职工奖励预提的费用。

表 9–5 所有者权益类科目

编号	会计科目名称	编号	会计科目名称
4001	实收资本	4103	本年利润
4002	资本公积	4104	利润分配
4101	盈余公积	4201	库存股
4102	一般风险准备		

会计科目是用来制作会计凭证的，是为了记账。财务的三大报表就是根据财务总账和明细分类账来填制的，具体包括资产负债表、现金流量表和利润表。所有上市公司的披露信息主要就是三大报表中的内容。

在资产负债表中，有“应付职工薪酬”这一项，体现的是企业计提的尚未支付的员工工资、社保和公积金、福利费的总额，在应付职工薪酬下，会把相关的项目具体列出。

在现金流量表中，有“经营性现金流”这一项，其中“支付给职工以及为职工支付的现金”这一项，反映的是当期企业实际为职工所支付的现金总额，包含工资、社保和公积金、福利费等。

在利润表中，有“研发费用”“销售费用”“制造费用”“管理费用”等项目，这些项目都是按照人力成本所发生的领域归集的，如研发人员的薪酬会被归集到研发费用，制造领域生产相关的直接人工会被归集到制造费用，制造领域的间接人工则会被归集到管理费用。

（二）财报中的人力成本

由于商业秘密等原因，外界人员如果想了解某家企业的财务状况，首选企业发布的财报。因为不同的交易所对上市公司信息披露的要求不同，所以财报的格式也有所差异，但都包含了一些人力资源的信息。

首先来看A股，以重庆某某股份有限公司2020年的财报为例。人力资源的业务在财报中都有具体的体现，通过阅读第四节“经营情况讨论与分析”，可以了解到该公司在组织发展、人才发展、员工激励和数字化转型方面的具体举措，其中披露的分子公司的成立、兼并等事项，同样涉及人力资源工作。在第五节“重要事项”中，可以了解到该公司实施了员工股票激励，如果你想了解更具体的激励办法，其实可以进一步查询该公司披露的相关公告，里面对具体的激励方法进行了介绍。在第七节“董事、监事、高级管理人员和员工情况”中，可以查询到“董监高”的薪酬情况、员工人数及结构情况、薪酬及培训的总体策略等。

具体来看，在财报中搜索“员工情况”，即可看到该公司的人员结构。报告显示，该公司2020年末的在职员工数为40298人。当然，为了确保数据的准确性，还可以利用报告数据进行反推验证。方法是在财报中搜索“研发投入”，可以看到该公司研发人员的数量和占比。报告显示，该公司2020年末的研发人数为6636人，占比16.47%，所以倒推的公司总人数为$6636 \div 16.47\% \approx 40292$人，与员工情况的人数基本吻合。

该公司的薪酬情况如何呢？有这么几个方法。第一个是通过第七节的披露，可以查询到“董监高”的薪酬，如果觉得高管的薪酬不具有代表性的话，可以特别关注一下职工监事的薪酬，通过职工监事的岗位信息可以大致了解同级别员工的薪酬水平。这个薪酬水平的具体含义，可以查阅财报“财务报表附注”的内容，里面对该公司披露的职工薪酬的具体内容做了说明。

1. 员工数量、专业构成及教育程度

母公司在职员工的数量（人）	27835
主要子公司在职员工的数量（人）	12463
在职员工的数量合计（人）	40298
当期领取薪酬员工总人数（人）	40298
母公司及主要子公司需承担费用的离退休职工人数（人）	6509
专业构成	
专业构成类别	专业构成人数（人）
生产人员	25984
销售人员	1708
技术人员	8054
财务人员	379
行政人员	402
管理人员	3771
合计	40298
教育程度	
教育程度类别	数量（人）
博士研究生	100
硕士研究生	1961
大学本科	11402
大学专科	9353
中专、高中及相应学历	15358
初中及以下	2124
合计	40298

图 9–2　重庆某某股份有限公司员工情况

2. 公司研发投入情况

	2020 年	2019 年	变动比例
研发人员数量（人）	6636	7829	–15.24%
研发人员数量占比	16.47%	21.30%	下降 4.83 个百分点
研发投入金额（元）	4141752049.28	4478435313.28	–7.52%
研发投入占营业收入比例	4.90%	6.34%	下降 1.44 个百分点
研发投入资本化的金额（元）	987864041.99	1309371552.15	–24.55%
资本化研发投入占研发投入的比例	23.85%	29.24%	下降 5.39 个百分点

注：2020 年重庆某某股份有限公司不纳入上市公司报表。

图 9–3　重庆某某股份有限公司研发人员情况

第二个办法是查阅职工薪酬。在该公司财报中，查询“应付职工薪酬”一项，可以了解到该公司 2019 年和 2020 年的薪酬发放情况。财报中包含短期薪酬、离职后福利、内退福利等项目。短期薪酬是指企业在职工提供相关服务的报告期间结束后 12 个月内需要全部予以支付的职工薪酬。具体包括了工资、奖金、津贴和补贴、职工福利费、社会保险费（不含养老和失业保险，这两项列入离职后福利）、住房公积金、工会经费和职工教育经费等。报表中会提供四个并列的项目，分别是年初余额、本年增加、本年减少、年末余额。

- 年初余额：上年度应发未发。
- 本年增加：本年度新增应发。
- 本年减少：本年度实际已发。
- 年末余额：本年度应发未发。

它们之间的关系是：年初余额 + 本年增加 = 本年减少 + 年末余额。而且，全年应发总额 = 本年减少 + 年末余额 – 年初余额。据此可知，该公司的全年应发为 4794404461.84+1575687212.16–777811109.08=5592280564.92 元，根据公司总人数，可知该公司人均年收入约为 13.8 万元。

如果细心的话，通过数据计算你可能会发现，该公司的社保缴纳比例好像不大对，这就要考验个人的业务全面性了。2020 年受新冠肺炎疫情影响，国家和地方都出台了助企纾困政策，该公司也享受到了社保减免的政策，所以当年的缴纳比例发生了变化。

第三个方法是通过研发费。公司财报中专门披露了研发人员的人数以及研发费用的支出，所以也可以据此计算公司的职工薪酬。在财报中搜索“研发费用”，可以查询到该公司 2020 年的研发工资及福利费为 1085597553.81 元，结合前面提到的研发人数，就可以计算出该公司的研发人员年收入约为 16.36 万元。

重庆某某股份有限公司

合并资产负债表(续)

2020年12月31日

人民币元

负债和股东权益	附注五	2020年12月31日	2019年12月31日
流动负债			
短期借款	20	578000000.00	229580000.00
应付票据	21	17574014553.46	13430543294.23
应付账款	22	23118793794.42	18905725271.50
合同负债	23	4471158190.75	-
预收款项	23	-	2315641685.78
应付职工薪酬	24	2015868366.57	1046335781.91
应交税费	25	1292001263.86	889092442.80
其他应付款	26	4475215625.98	4809918141.45
预计负债	27	3125170942.46	3352580839.28
一年内到期的非流动负债	29	100000000.00	-
其他流动负债	28	5842758104.08	4253942761.77
流动负债合计		62592980841.58	49233360218.72
非流动负债			
长期借款	29	955300000.00	55300000.00
长期应付款	30	261260928.70	857356423.71
长期应付职工薪酬	31	41634000.00	45932000.00
递延收益	32	3469017384.88	3194291079.21
递延所得税负债	19	115304728.61	296742890.29

图 9-4　重庆某某股份有限公司薪酬情况

43. 研发费用

	2020 年	2019 年
工资及福利费	1085597553.81	1079128106.16
物料费	173917059.32	223007996.05
委外费	326554128.18	321189407.67
差旅调研费	75341701.46	81309580.38
试验费	154511546.94	187139269.95
折旧及摊销	1243446193.51	1129018488.23
其他费用	94519824.07	148270912.69
合计	3153888007.29	3169063761.13

图 9-5　重庆某某股份有限公司研发费用

再来看一下港股，以小米集团2020年财报为例。港股的财报中都会有一个“环境、社会及管治报告”（Environmental，Social and Governance，ESG报告），企业人力资源相关的工作集中在该部分披露。搜索“员工关怀”，可以查询到该公司在员工管理领域的主要举措。搜索“利益相关方沟通”，可以查询到该公司与员工的沟通渠道。搜索“以人为本”，可以看到该公司分别从员工权益、员工保障、员工发展三个维度介绍了人力资源管理工作。

具体来看，小米集团2020年末人数为22074人，其中中国大陆有20418人，30岁以下员工占比47%。如果结合2019年的财报看一下，就可以推算出该公司的人员流失率。因为在招聘方面的成绩，该公司在雇主品牌建设方面获得了诸多社会认可。该公司采用“辅助评价者、征求意见者、主评人”三种角色评价员工的绩效，采用股权激励机制激励员工，提供多种形式的培训进行梯队建设，助力员工发展。

截至2020年12月31日，我们在全球拥有22074名正式员工。我们承诺为所有员工竭尽全力，激发其归属感和使命感，为成为员工心中的“最佳雇主”而不断努力。

4.1 员工权益

招聘与雇佣

小米依照“公平、公正、公开”的原则，严格遵守《中华人民共和国劳动法》和《中华人民共和国劳动合同法》以及其他运营所在地适用的法律法规与国际惯例。通过制定小米招聘雇佣规章制度，以规范全球范围的员工招聘、雇佣、薪酬福利、考勤、绩效、平等机会、反歧视及员工多元化等方面的管理，杜绝因种族、年龄、性别、婚姻状况、宗教信仰等不同而给予差异化的待遇。我们重视本地雇佣，在全球许多运营区域，我们均优先考虑雇佣当地人才。截至2020年末，小米员工遍布世界四个大洲、20个国家和地区，包括中国大陆员工20,418人，……

图9-6 小米集团人员规模

小米的薪酬福利如何？在合并财务报表附注中搜索“雇员福利开支”，就可以看到2020年的工资、薪金及花红总额为6170601000元，结合人数可知平均年薪约为27.95万元。表格中列出了高管薪酬，人均年薪在200万元左右。除了现金支付的薪酬外，小米还有股权激励、股票激励和员工基金等激励方式，这部分内容可以通过查询“以股份为基础的付款”进行了解。由于这类激励都是针对特定员工的，所以计算平均数没有实际意义，但可以通过相关公告查询被授予人的数量，以此对激励的范围有所掌握。

9　雇员福利开支

	截至12月31日止年度	
	2020年 人民币千元	2019年 人民币千元
工资、薪金及花红	**6,170,601**	4,699,234
以股份为基础的薪酬开支（附注[a]及附注28）	**2,328,319**	2,201,722
退休计划供款	**423,044**	551,073
其他社会保障成本、住房福利及其他雇员福利	**992,489**	852,899
	9,914,453	8,304,928

图 9-7　小米集团薪酬福利开支

最后来看一下美股，以蔚来 2020 年财报为例。美国的财报也有其固定的架构，人力资源的工作主要在项目 4“公司信息”、项目 6“董事、高级管理人员及员工信息”中进行披露。

表 9-6　美股财报目录中英对照

TABLE OF CONTENTS	内容目录
INTRODUCTION	介绍
FORWARD–LOOKING INFORMATION	前瞻性信息
PART I.	第一部分
ITEM 1. IDENTITY OF DIRECTORS，SENIOR MANAGEMENT AND ADVISERS	项目 1. 董事、高级管理人员及顾问信息
ITEM 2. OFFER STATISTICS AND EXPECTED TIMETABLE	项目 2. 供股信息及预期时间表

续表

TABLE OF CONTENTS	内容目录
ITEM 3. KEY INFORMATION	项目 3. 关键信息（主要披露重要财务信息、资本及债务、风险因素等）
ITEM 4. INFORMATION ON THE COMPANY	**项目 4. 公司信息（包含公司历史、业务综述、组织架构等）**
ITEM 4.A. UNRESOLVED STAFF COMMENTS	项目 4.A. 待决策事项
ITEM 5. OPERATING AND FINANCIAL REVIEW AND PROSPECTS	项目 5. 公司经营及财务的回顾与展望
ITEM 6. DIRECTORS，SENIOR MANAGEMENT AND EMPLOYEES	**项目 6. 董事、高级管理人员及员工信息（主要披露薪酬及股权激励信息）**
ITEM 7. MAJOR SHAREHOLDERS AND RELATED PARTY TRANSACTIONS	项目 7. 主要股东及关联交易
ITEM 8. FINANCIAL INFORMATION	项目 8. 财务信息
ITEM 9. THE OFFER AND LISTING	项目 9. 股票发行与挂牌
ITEM 10. ADDITIONAL INFORMATION	项目 10. 附加信息
ITEM 11. QUANTITATIVE AND QUALITATIVE DISCLOSURES ABOUT MARKET RISK	项目 11. 市场风险的定性与定量分析
ITEM 12. DESCRIPTION OF SECURITIES OTHER THAN EQUITY SECURITIES	项目 12. 其他证券发行
PART II.	第二部分
ITEM 13. DEFAULTS，DIVIDEND ARREARAGES AND DELINQUENCIES	项目 13. 违约、股息拖欠与违约率
ITEM 14. MATERIAL MODIFICATIONS TO THE RIGHTS OF SECURITY HOLDERS AND USE OF PROCEEDS	项目 14. 对证券持有人权利的重大更改及募集资金的用途
ITEM 15. CONTROLS AND PROCEDURES	项目 15. 控制程序（主要指内部风险控制）

续表

TABLE OF CONTENTS	内容目录
ITEM 16. A. AUDIT COMMITTEE FINANCIAL EXPERT	项目 16. A. 审计委员会
ITEM 16. B. CODE OF ETHICS	项目 16. B. 道德准则
ITEM 16. C. PRINCIPAL ACCOUNTANT FEES AND SERVICES	项目 16. C. 审计费用及服务
ITEM 16. D. EXEMPTIONS FROM THE LISTING STANDARDS FOR AUDIT COMMITTEES	项目 16. D. 审计委员会的上市标准豁免
ITEM 16. E. PURCHASES OF EQUITY SECURITIES BY THE ISSUER AND AFFILIATED PURCHASERS	项目 16. E. 发行人和关联购买人购买股权证券
ITEM 16. F. CHANGE IN REGISTRANT' S CERTIFYING ACCOUNTANT	项目 16. F. 签字会计师的更改
ITEM 16. G. CORPORATE GOVERNANCE	项目 16. G. 公司治理
ITEM 16. H. MINE SAFETY DISCLOSURE	项目 16. H. 采矿安全披露
PART III.	第三部分
ITEM 17. FINANCIAL STATEMENTS	项目 17. 财务报表
ITEM 18. FINANCIAL STATEMENTS	项目 18. 财务报表
ITEM 19. EXHIBITS	项目 19. 证明材料

具体来看，蔚来在财报项目 3“关键信息”中将核心员工流失、技术培训、股票及股权激励作为风险项进行了披露。在项目 4“公司信息”中，组织架构部分披露了该公司的股权关系及下属公司情况，物业、厂房和设备部分披露了该公司的生产基地、体验店分布情况。在项目 6“董事、高级管理人员及员工信息”中，信息显示高管薪酬为 220 万美元，人均年薪约 163 万元人民币，当然这不包含股票及股权激励。

在项目 6“董事、高级管理人员及员工信息”中找到“Employees”（员工），可以查到该公司拥有员工 7763 人，其中中国 7440 人，分布在客户体验、产品及软件开发、制造和行政管理四个领域。

D. Employees

As of December 31, 2020, we had 7,763 full-time employees. The following table sets forth the numbers of our employees categorized by function and region as of December 31, 2020.

	As of December 31, 2020
China:	
User experience (sales and marketing and service)	4,141
Product and software development	1,954
Manufacturing	650
General administration	695
Northern California:	
Product and software development	149
General administration	42
Munich:	
Product and software development	75
General administration	20
United Kingdom:	
Product and software development	35
General administration	2
Total number of employees	7,763

图 9-8 蔚来的员工情况

薪酬部分，方法一是查询“Research and Development Expenses”（研发支出）和“Selling，General and Administrativc Expenses”（销售和行政管理支出）中的“Employee compensation”（员工薪酬），可知研发员工薪酬总额为 1362231000 元、销售和行政员工薪酬总额为 1687945000 元，据此可算出研发员工的年薪约为 61.06 万元、销售和行政员工的年薪约为 34.44 万元。这部分薪酬看上去有点高，这就需要仔细阅读一下财报中关于薪酬的备注了：员工薪酬，包括工资、福利和奖金，以及研发人员的股份薪酬支出。

方法二是查询“Accruals and Other Liabilities”（应计项目和其他负债）中的“Salaries and benefits payable”（应付职工薪酬和福利），可知期末应付职工薪酬和福利总额为 494726000 元，这个数值的含义是当期应付未付的薪酬和福利部分，因为工资是要按月支付的，所以这个未付可能是 12 月的工资，但还可能包含应付的年终奖或其他福利，所以它并不是全年薪酬的总额，也不是月度薪酬。要想了解年度薪酬总额，需要获取其他时段的财报，如看每个季度的季报，用同样的方法查询每个季度末的应付是多少，然后通过计算平均值了解大致的月度薪酬额度，再乘以 12 个月，就可以得出薪酬总额了。

19. Research and Development Expenses

Research and development expenses consist of the following:

	Year Ended December 31,		
	2018	2019	2020
Employee compensation	1,850,886	2,004,931	1,362,231
Design and development expenses	1,827,980	2,041,024	778,463
Depreciation and amortization expenses	103,427	187,137	255,544
Rental and related expenses	33,105	57,401	51,123
Travel and entertainment expenses	104,949	63,998	15,720
Others	77,595	74,089	24,689
Total	3,997,942	4,428,580	2,487,770

图 9–9　蔚来的研发人员薪酬

12. Accruals and Other Liabilities

Accruals and other liabilities consist of the following:

	December 31, 2019	December 31, 2020
Payables for purchase of property and equipment	1,121,715	715,561
Advance from customers	297,096	620,907
Payables for marketing events	436,610	596,110
Salaries and benefits payable	344,922	494,726
Payable for R&D expenses	694,081	402,777
Current portion of deferred revenue	189,172	383,430
Warranty liabilities	120,161	297,446
Payable to employees for options exercised	—	278,209
Accrued expenses	246,121	273,676
Interest payables	105,940	98,462
Current portion of deferred construction allowance	84,495	60,695
Current portion of finance lease liabilities	40,334	33,237
Payables for traveling expenses of employees	17,685	18,672
Investment deposit from investors	154,643	—
Other payables	363,666	330,116
Total	4,216,641	4,604,024

图 9–10　蔚来的员工薪酬

以上就是关于 A 股、港股、美股财报的分析，可以发现人力资源工作是每家上市企业都要披露的重要事项，职工薪酬总额、股权和股票激励等方式对于投资者都有着重要的参考价值，所以，人力资源管理者要结合财务视角看待人力成本，综合考虑人力成本对企业经营的影响。

第三节 | 人力成本的控制策略

人力资源究竟是投资还是成本？不论在管理者口中还是在企业文化手册里应该都会选择前者，但人力资源管理者不得不面对的现实是，在财务报表中人力资源就是费用，就是成本，就是一个需要控制的对象。

（一）理想的趋势

人力成本是一个具有刚性的成本，一旦确定就很难改变。比如，企业给员工涨薪很容易，可想降薪却很难。再如，由于薪酬总额在人力成本中占比较高，所以一些企业会制定一个管理原则叫作“两个同向”，即工资总额的增长不得高于利润增长幅度，工资增长率不得高于利润增长率。这个原则的初衷是好的，但假如当年度企业的市场出现变化，利润下滑，薪酬的刚性就会让企业在原则执行上面临困难。

因此，人力成本的管控目的不应是降低成本总额，而是要去控制成本效率，提高人力资源的投入产出率。而它的难点在于特殊时期的策略选择，特别是人力成本效率本身也是随着业务水平波动的，控制一个时点的人力成本并不现实，人力资源管理者需要解决的是人力成本趋势的控制问题。

理想状态下，人力成本的增长应当与企业经营业绩的发展趋势保持一致。实际状态是，在上升阶段，人力成本与企业经营很容易保持同向，但是在下降阶段，由于人力成本的刚性，其增长变化往往滞后于经营变化，从而容易形成对经营的拖累。人力资源管理者必须对企业发展趋势有明确的预判，应该在企业成长期的调整机会点做好波动阶段的人力成本控制方案，从而降低届时对企业经营的影响。

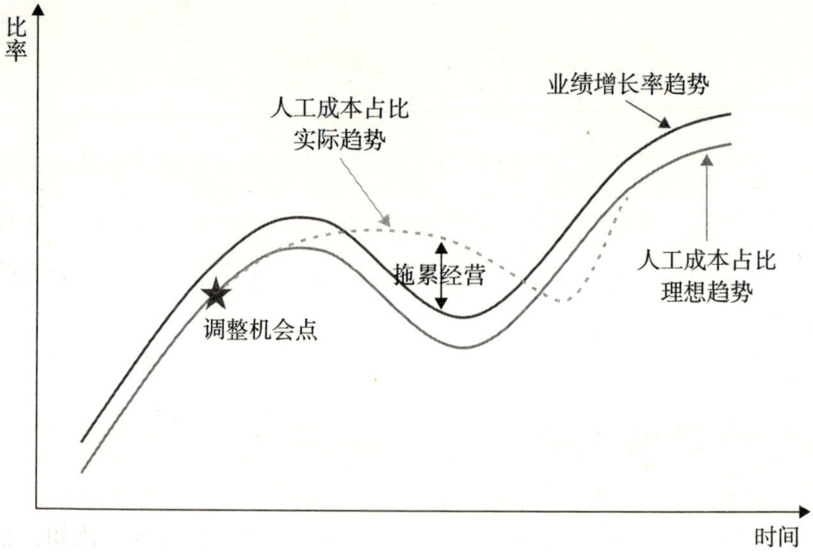

图 9-11　人力成本增长趋势与企业业绩增长趋势图

单就某一个时点来说，人力成本效率也不应被控制在一个固定的数值，而应是一个具体的区间，人力资源管理者需要对月度、季度、年度的人力成本效率值进行统计，然后绘制出控制图。人力成本效率在目标值上下波动，只要不超出上下控制线就都是可以接受的状态。当然，按照控制图的理论，有下列情况时需要引起关注：

- 有 1 个点压线或者落在控制区以外
- 连续多个点落在目标线的同一侧
- 连续多个点显示出递增或递减趋势

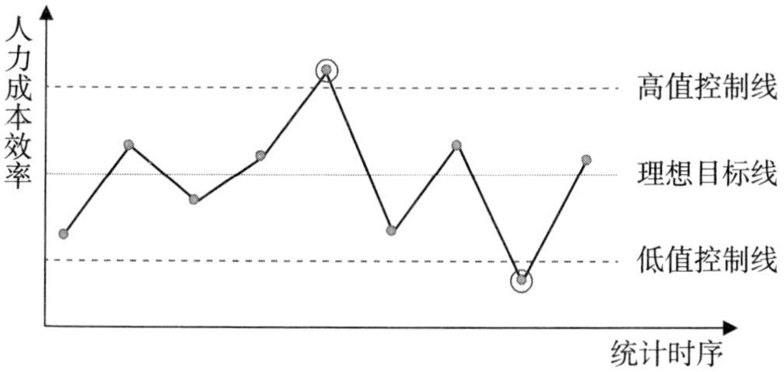

图 9–12　人力成本效率控制图

（二）策略的选择

为了将人力成本控制在合理的区间，人力资源管理者需要针对成本构成制定相应的策略，包括薪酬总额的控制、管理费用的控制等。

在薪酬总额控制方面，企业可以采取调整福利项目、调整薪酬结构、调整用工结构、调整薪酬额度、调整人员规模等方式。

表 9–7　薪酬总额控制策略

薪酬总额控制	具体做法	影响
调整福利项目	休假制度、节日福利、健康医疗、办公环境等的调整。	福利的削减面向的是全体员工，结果可能造成士气的低落，所以在增加福利时要慎之又慎。
调整薪酬结构	调整薪酬的固浮比，将一部分薪酬通过股权、期权、递延奖金等方式进行发放。	当期薪酬的竞争力受影响，但有利于员工长期留用。
调整用工结构	推进自动化，可以节约人工；推进外包、派遣、零工等形式，可以节约成本。	自动化会增加资产投入，调试周期长，须提前启动；外包等的实施速度快，但会增加管理难度，特别是质量管理。

续表

薪酬总额控制	具体做法	影响
调整薪酬额度	控制涨、减薪的幅度和范围。	重点是降薪，一方面不得大于15% 的幅度，另一方面这个调整也会使员工士气降低。
调整人员规模	针对正式员工，控制增员或者减员的节奏。	增加员工的节奏影响员工工作负荷，减少员工的行为影响员工的士气并且影响员工关系稳定，还需要支付成本。

在管理费用控制方面，企业可以采取调整招聘渠道、调整广告投入、调整招聘形式、调整培训方式、调整培训范围等方式。

表 9–8　管理费用控制策略

管理费用控制	具体做法	影响
调整招聘渠道	提高免费渠道的利用率，减少渠道数量。	造成候选人的减少，招聘周期的拉长，可能无法招到优秀人才。
调整广告投入	降低广告频次或缩小广告版面，利用免费广告资源。	减少了企业的曝光度，造成候选人的减少和招聘周期的拉长，可能无法招到优秀人才。
调整招聘形式	减少委托招聘，减少测评投入，采用网络面试。	招聘形式调整可能造成候选人评价的不准确，对招聘面试官的专业性要求较高。
调整培训方式	减少课堂培训，采用网络学习、OJT（在职训练）、内训师等方式。	网络学习的跟踪和效果评价难度较大，OJT 和内训师的实施需要调动业务部门参与。
调整培训范围	聚焦战略核心领域和重点人群进行培训。	因为关注度的降低，对普通员工和常规业务来说，要建立相应的机制予以支持，避免培训不足对业务造成影响。

第四节 | 常用的人力成本管理量化指标

根据量化分析的层次，指标可以分为描述型指标、分析型指标和预测型指标。本节具体罗列了常用的人力成本量化指标。

（一）描述型指标

人力成本总额

【定义】反映企业在人力资源方面的总投入。

【数据来源】财务日记账。

专项费用总额

【定义】反映企业在某个人力资源领域的总投入，如招聘费用总额等。

【数据来源】财务日记账。

（二）分析型指标

人力成本利润率

【定义】反映每份人力成本投入可创造的利润，数值越高越好。

【公式】人力成本利润率 = 利润总额 ÷ 人力成本总额 ×100%

【数据来源】财务日记账。

人力成本费用率

【定义】反映人力成本在营业收入中的占比，数值越低越好。

【公式】人力成本费用率＝人力成本总额 ÷ 营业收入 ×100%

【数据来源】财务日记账。

专项费用占比

【定义】反映某领域人力资源专项费用在人力成本总额的占比。

【公式】专项费用占比＝某专项费用总额 ÷ 人力成本总额 ×100%

【数据来源】财务日记账。

单位产品人力成本

【定义】反映每件产品所承担的人力成本。

【公式】单位产品人力成本＝人力成本总额 ÷ 同期产品数 ×100%

【数据来源】财务日记账、生产记录。

（三）预测型指标

人力成本效率稳定性

【定义】反映人力成本稳定程度。

【数据来源】人力成本效率控制图。

第十章　必备的量化技能

第一节 | 数据的收集

量化是对数据的处理。如果把量化分析比作做菜的话，数据收集就是备菜，只有收集到了足够充分的数据，才能确保分析的全面；只有收集到了足够真实的数据，才能确保分析结果的准确。在企业数字化转型的大潮中，作为人力资源管理者，需要对企业数据，特别是人力资源数据有清晰的认识，在明确了人力资源量化分析的目的以及量化所需的数据后，人力资源管理者能够找到、收集到这些数据，对量化管理至关重要。

（一）数据在哪里

谈到数据收集，许多人力资源管理者都不知道到哪儿去找数据，认为一定要增加一些调研活动或者开发一些系统。事实上，日常的人力资源管理活动已经产生了大量数据，它们分布在以下源头。

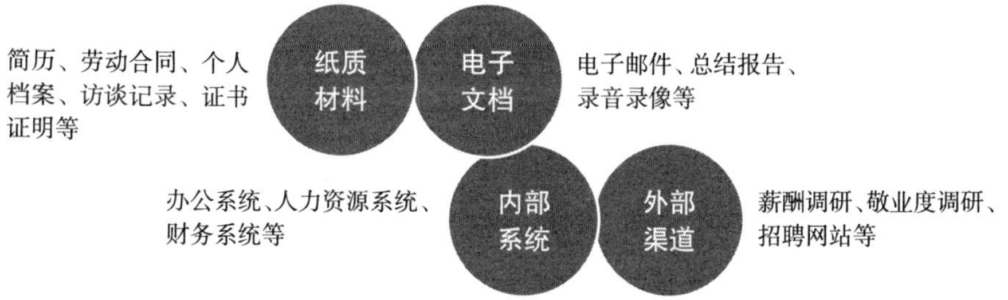

图 10-1 人力资源数据源头

- 纸质材料：简历、劳动合同、个人档案、访谈记录、证书证明等。
- 电子文档：电子邮件、总结报告、录音录像等。
- 内部系统：办公系统、人力资源系统、财务系统等。
- 外部渠道：薪酬调研、敬业度调研、招聘网站等。

人力资源管理者在制定数据收集方案的时候，首先要对现有数据源的数据进行全面汇总，如果发现某个数据确实不在现有的数据源里，再去考虑增补。

（二）数据怎么收集

收集什么和如何收集是非常重要的事项，要选择合适的时机、恰当的方式收集必要的数据，否则既有员工意愿上反对的可能，也有违反法律的可能。收集人力资源数据，按照是否需要员工配合分为两种情形。

第一种情形是常规数据收集，是指通过现有的管理方式、管理系统、管理资料进行数据收集的过程，员工对这些常规的数据提供过程已经习以为常的情形。企业基于现有的系统、档案、资料等进行数据整理，或者购买外部的数据，都属于常规数据收集。例如，某企业的一则通报批评公告曾在网上引起热议，该企业总部对非工作流量进行了统计排查，对占用企业公共网络刷视频、看新闻、听音乐等的员工进行了通报。企业使用的是现有网络管理系统，员工对该系统的使用也非常熟悉，这就属于常规数据收集情形。

第二种情形是特殊数据收集，是指通过与过去不同的方法、工具、技术进行数据收集，或者通过常规方式增补不同类别数据的情形。对于特殊情形，在不清楚数据用途的情况下，员工常常会有抗拒心理，为避免个人利益受到损害，会朝着对个人有利的方向提供数据，使数据失真。因此，

文本型数据是指单个字符、词语、句子、段落或它们的组合、不参与数值运算，如网址、身份证号。数值型数据是指表示数量、可以进行数值运算的数据，如人员规模、薪酬总额。时间型数据是指用于记录时间的数据，如出生日期、入职日期。

按照数据的结构，可以分为结构化数据、半结构化数据和非结构化数据。结构化数据是指可以用表格形式呈现且具有填写规范的数据，这类数据可以存储在关系数据库里，如员工花名册、薪酬发放记录。半结构化数据是结构化数据的一种，但是它的结构变化比较大，不是表格化的数据，但可以通过调整实现结构化，如员工简历数据、绩效评估表。非结构化数据是指数据形式不固定，没有预定的填写要求和分析模型，不方便用数据库表格来表现的数据，如办公文档、员工照片、各类报表、录音、录像。

按照数据的性质，可以分为规则数据和观测数据。规则数据是用来描述业务流程运行规则的数据。观测数据又称原始数据，是通过观测工具获得的数据。其中，规则数据又分为主数据和基础数据。主数据是在企业中用来定义业务对象的、具有持续性、非交易类的数据，具有唯一、准确、权威的数据源，如部门代码、岗位代码、员工编号、护照号。基础数据是定义属性值的输入规范，起到归类或目录整编作用的数据，也称作参考数据，如性别、籍贯、员工类型、薪酬构成等的填写要求。观测数据又分为报告数据和事务数据。报告数据是指对数据进行处理加工后，用作业务决策依据的数据，它用于支持报告和报表的生成。前面章节提到的分析型指标和预测型指标都是报告数据，如人工成本利润率、人员流失率、培训满意度。事务数据是在业务和流程中产生的，是业务事件的记录，其本身就是业务运作的一部分。所有的描述型指标都是事务数据，如审批时长、培训时长、薪酬总额、绩效结果。

按照生产的机制，可以分为原始数据、衍生数据。原始数据是未经加工、编辑的“原生数据”或“基础数据”，如原始的打卡记录、薪酬标准。

衍生数据是基于特定目标和技术手段加工处理后的数据，也被称为“二手数据”，如培训满意度、人员流失率、薪酬分位数。

按照数据的时点，可以分为实时数据、历史数据、预测数据。实时数据是指带有时效性的数据，在严格的时间范围内产生并提供的数据，如某天的出勤人数、某月的人员流失率。历史数据是指超过了时间范围的实时数据，如上月的劳动生产率、上月的人工成本总额。预测数据是指对尚未发生的事件进行预测获得的数据，如次年的人员规模、次月的人员能力。

第三节 | 数据的统计分析

备菜之后，就该用数据分析展示厨艺了。常用的人力资源数据分析技术包括基础分析、相关分析、回归分析等，不同的方法有不同的数据分析情境，人力资源管理者需要按需选择。在分析工具方面，Excel 基本能够满足人力资源管理的大多数需求，再找一两个统计分析软件就足够了。

其实，判断厨艺的好坏不在于使用了什么烹饪工具和方法，而在于菜好不好吃。人力资源管理者不必对工具和方法贪大求全，能够利用数据发现问题、解决问题、避免问题的就是好工具、好方法。

（一）数据分析的方法

基础分析，就是对收集到的数据进行简单的特征分析。具体包括分布分析、分类分析、比例分析和类比分析。

- 分布分析，就是研究数据的分布特征和分布类型的方法。如数据总量、数据求和、平均值、方差、中位数、最大值、最小值等。
- 分类分析，就是把数据根据某一特征进行分类，然后再对各个类别的数据进行横向比较的分析方法。如对员工分析的时候可以按性别分组、可以按工龄分组、可以按部门分组等。

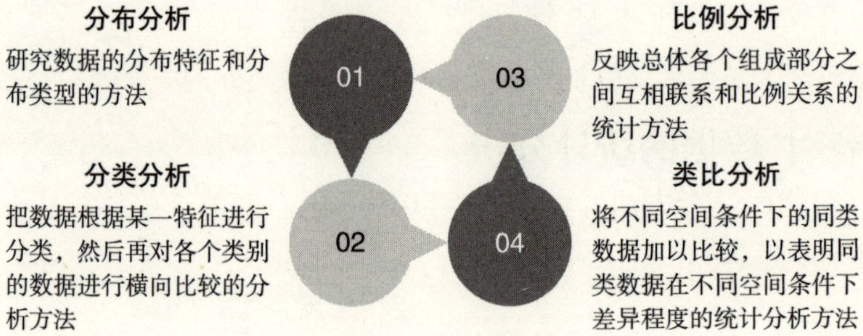

图 10-4　数据分析的方法

- 比例分析，就是反映总体各个组成部分之间互相联系和比例关系的统计方法。如薪酬的固浮比、各年龄段人口比例、绩效结果分布比例等。
- 类比分析，也可以叫对标分析，就是将不同空间条件下的同类数据加以比较，以表明同类数据在不同空间条件下差异程度的统计分析方法。如将本企业的用工规模进行同比、环比的分析，或者与其他同类企业的规模相比较等。

相关分析，就是研究两个或两个以上要素之间的影响关系的统计分析方法。如果一个要素变化，造成另一个要素同向变化，就叫正相关。如果一个要素变化，另一个要素反向变化，就叫负相关。如果一个要素变化，另一个要素无变化，就叫不相关。同时还根据要素的影响大小，分为强相关和弱相关。如分析人员流失率与薪酬增长率的关系、分析培训满意度与绩效完成率之间的关系等。

回归分析，针对有相关关系的数据，可以进一步尝试回归分析，就是确定要素之间相互关系的方程式，以此实现数据的预测。回归分析就是确定两种或两种以上要素之间相互依赖的定量关系的统计分析方法。根据自变量和因变量的多少分为简单回归分析（一对一，也叫一元回归分析）、多重回归分析（多对一）和多元回归分析（多对多）。根据自变量和因变量的相互关系特点分为线性回归分析和非线性回归分析。如根据产销量目标数据预测人员规模、分析敬业度影响因素与敬业度的关系等。

相关分析与回归分析都需要借助专门的统计分析软件，根据变量的特性选择对应的分析方法，汇总如表 10–3 所示。因为这些方法并不常用，所以本书不做展开，感兴趣的朋友可以自行了解。

- 连续变量：指可以在一定区间内任意取值的数据，如薪酬、招聘周期等。
- 二分类变量：指只有两种情况的数据，如“男、女”“是、否”等。
- 无序分类变量：指分类或属性值没有顺序关系的数据，如籍贯、部门等。
- 有序分类变量：指分类或属性值有顺序关系的数据，如满意程度 1 分到 10 分等。

表 10–3 常用的相关分析与回归分析方法

因变量 \ 自变量	连续变量	二分类变量	无序分类变量	有序分类变量
连续变量	◆ Pearson 相关 ◆ 回归分析	◆ T 检验	◆ 方差检验	◆ Spearman 相关
二分类变量	◆ Point-Biserial 相关	◆ 卡方检验 ◆ Fisher 检验	—	◆ Cochran-Armitage 检验 ◆ Biserial 秩相关
无序分类变量	◆ 方差检验	—	◆ 卡方检验 ◆ Fisher 检验	◆ 卡方检验
有序分类变量	◆ Spearman 相关	◆ 有序 Logistic 回归 ◆ Biserial 秩相关	◆ 卡方检验	◆ Mantel-Haenszel 趋势检验 ◆ Spearman 秩相关 ◆ Kendall 等级相关

（二）数据分析的工具

做薪酬的人经常会以“表哥”“表姐”自嘲，因为每到发薪的那几天，天天要用Excel做表格，所以如果做人力资源的人Excel不熟练，那工作效率要大打折扣了。其实Excel一点都不复杂，只要记住三招，保管你用到起飞。

第一招，格式化。使用Excel工具，最重要的并不是要会什么功能，而是能把表格做规范，这是数据分析的基础。如果是往外发表格收集数据，要考虑好表格的设计，除了设计好“表头字段”，还可以通过添加“数据验证”限制、引导数据输入，通过添加批注的方式提醒用户规范输入等。还有一点，尽量不要使用“合并单元格”，因为后面统计分析会很麻烦。如果是汇总别人的表格或者对系统中导出的表格进行分析，应当先检查表格的格式是否规范，比如有没有合并单元格，有没有日期写法不一致，有没有把数值填成了文本或者把文本搞成了数值的，有没有不该有的空格等。先要把这些不规范的地方统统改掉，统一规范。

第二招，理关系。在数据分析之前，先把各个表格之间的关系梳理清楚，也要把各个表头之间的关系厘清，还要把期望的结果与表头和表的关系厘清。以图10-5为例，在完成格式化之后，要把该表格拆分成两个表，一个是知识能力和业务内容的关系表，一个是知识能力和员工的关系表。这时候表格是个二维表，即横向和纵向都有表头，是个交叉表，这种表是无法应用数据透视的，所以要进行一个操作，把二维表转成一维表，这个转换是用Excel自动实现的，可以自行搜索了解一下。

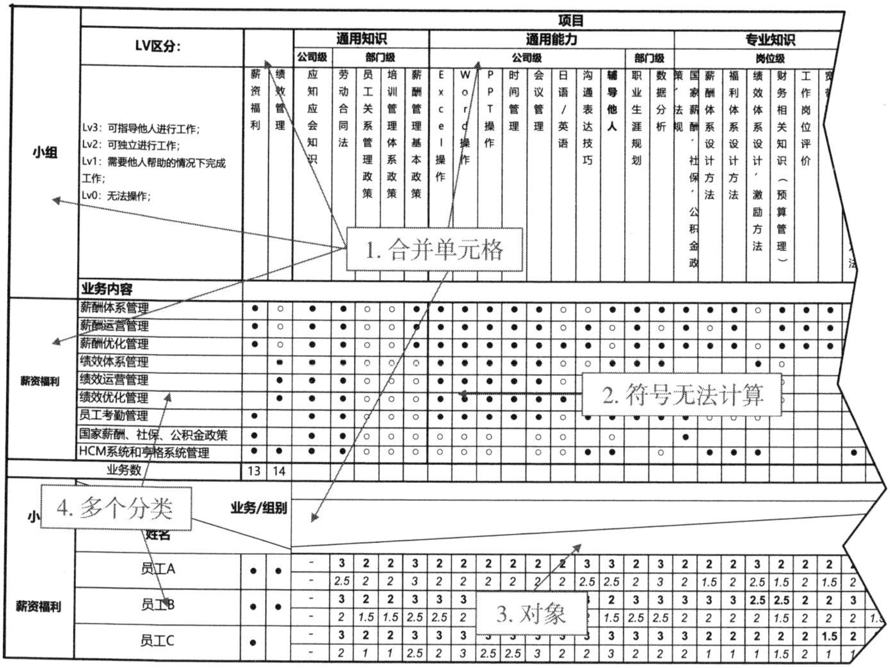

图 10–5 常见的未格式化表格

二维表

	Excel操作	Word操作	PPT操作	时间管理
员工A	2	2	2	2
员工B	3	3	3	3
员工C	4	4	4	4

一维表

Excel操作	员工A	2
Word操作	员工A	2
PPT操作	员工A	2
时间管理	员工A	2
Excel操作	员工B	3
Word操作	员工B	3
PPT操作	员工B	3
时间管理	员工B	3
Excel操作	员工C	4
Word操作	员工C	4
PPT操作	员工C	4
时间管理	员工C	4

图 10–6 二维表与一维表

第三招，做分析。格式规范了、关系厘清了，就可以对表格里的数据进行分析了。这时候会用到一些公式、函数，会用到分类汇总、数据透视等功能。只要自己有想法，剩下的就可以交给搜索引擎了，上网搜索一下就知道如何用 Excel 实现，没必要背那么多函数，用得多了自然就熟练了。

Excel 在基础分析的时候基本上是够用的，但在相关分析、回归分析的时候，Excel 就不那么方便，这时候建议使用 SPSS、Minitab 等专门的统计分析软件。这种软件也不用掌握太多，把一个用好就可以了。

第四节 | 数据的呈现

菜做好了，就该摆盘了。一顿丰盛的大餐，既要有味道，也要有看点。量化分析的目的是支持决策，但对于决策者来说，可能并不了解具体的数据分析方法，而更关心结果。所以，人力资源管理者需要将分析结果以一种直观的方式呈现出来，即图形化、图表化的展示，辅以文字说明，体现逻辑和结论，为管理者洞察数据的内涵、理解背后的规律提供支持。这种直观的增强认知的数据表达方式叫作可视化。

可视化技术的应用其实随处可见，如商场里的海报、医院里的心电图、手机上的小图标等，它们都是为了准确地展示和传达数据所包含的信息。随着技术的发展，可视化的方式也越来越多，下面以人才盘点为例做个说明。

基础的数据如图 10-7 所示。这些数据按照表格的形式呈现出来，也是可视化的一种形式。当然，因为要从两个维度盘点人才，所以需要通过排序的方式确定人才分类，不够直观。

为了将上述表格进行直观的呈现，人们就想，两个维度不就是平面坐标系吗？！把数据直接画在坐标轴上，就形成了一个矩阵图，一眼就可以知道哪些人是高潜力的，人力资源领域把这叫作二维人才盘点九宫格，它在其他领域的名字叫作散点图。

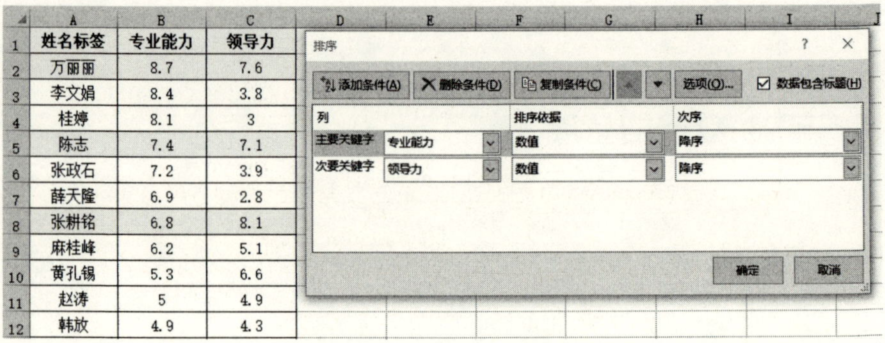

	A	B	C
1	姓名标签	专业能力	领导力
2	万丽丽	8.7	7.6
3	李文娟	8.4	3.8
4	桂婷	8.1	3
5	陈志	7.4	7.1
6	张政石	7.2	3.9
7	薛天隆	6.9	2.8
8	张耕铭	6.8	8.1
9	麻桂峰	6.2	5.1
10	黄孔锡	5.3	6.6
11	赵涛	5	4.9
12	韩放	4.9	4.3

图 10–7　人才盘点结果表

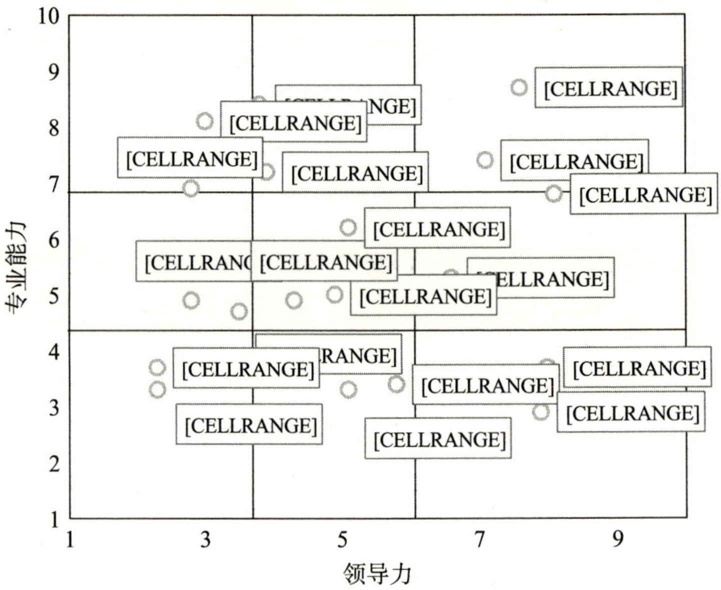

图 10–8　二维人才盘点九宫格

后来，又有人想，人才盘点只用两个维度不够全面，需要从专业能力、领导力、绩效三个维度来体现，于是颜色就添加进来，用一个颜色代表绩效优秀、一个颜色代表绩效合格、一个颜色代表绩效较差。这样，虽然仍然是一个二维散点图，但是它包含的信息又多了一层，就达到了三个维度的人才盘点效果。

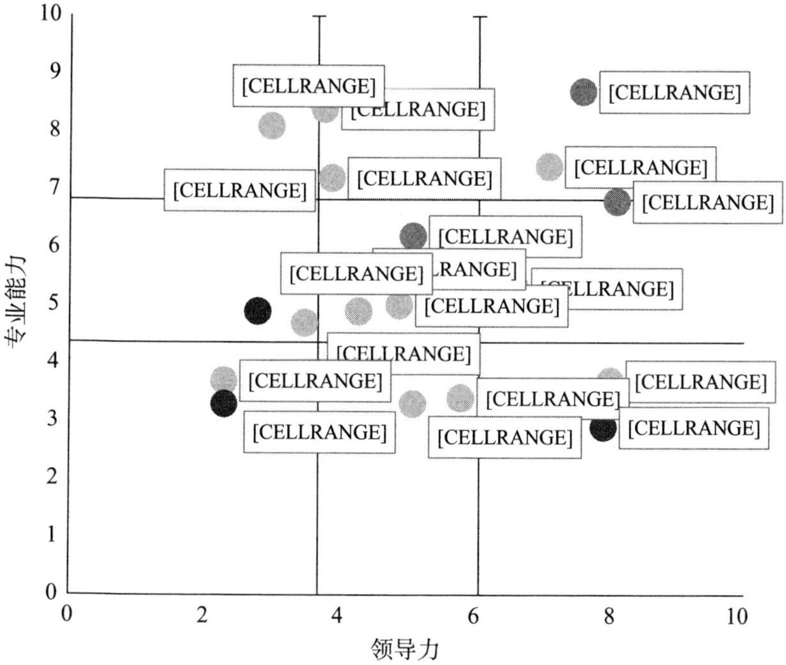

图 10-9　三维人才盘点九宫格

假如说，还需要再增加一个维度怎么办？比如，高潜人才还希望体现年龄差异，想从中体现那些年轻的高潜人才。这时候，可以考虑增加一个坐标轴，设为年龄，这样就实现了四维人才盘点。然而，四维人才盘点九宫格很少有实际应用，这是因为它包含的信息太多，反倒不容易让人理解，与“直观地增强认知以支持决策”的可视化初衷相违背。所以，可视化也要选择恰当的应用场景，更不能为了可视化而可视化。

例如，为了体现企业各销售网点的人数差异，柱状图的比较效果要比饼图的效果好一些。

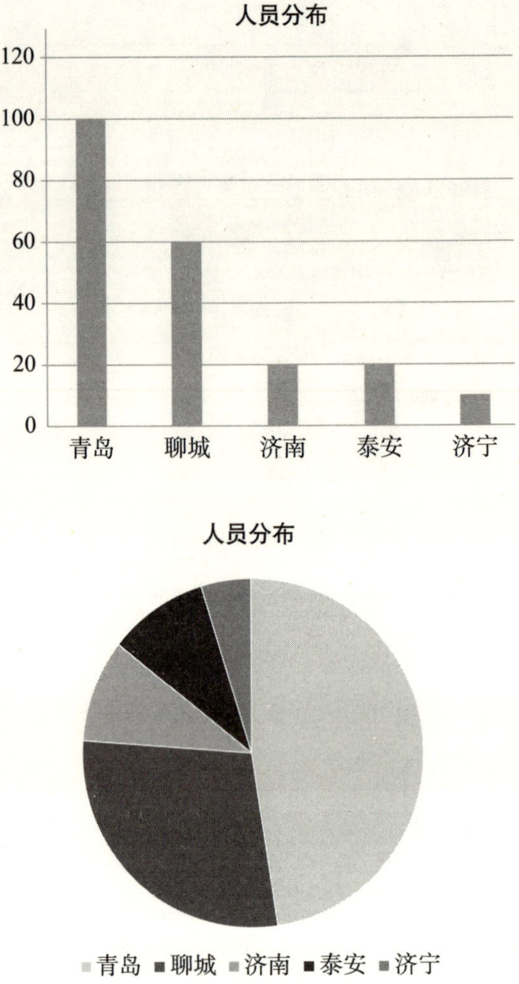

图 10–10　不同的可视化效果

为了高效地进行数据可视化，表 10–4 对常用的可视化技术的优势场景进行了汇总。

图 10–11 Excel 插入图表选项卡

由于人才盘点九宫格绘制相对复杂，所以下面单独进行介绍。

第一步，在 Excel 中选择数据区域，然后插入散点图。

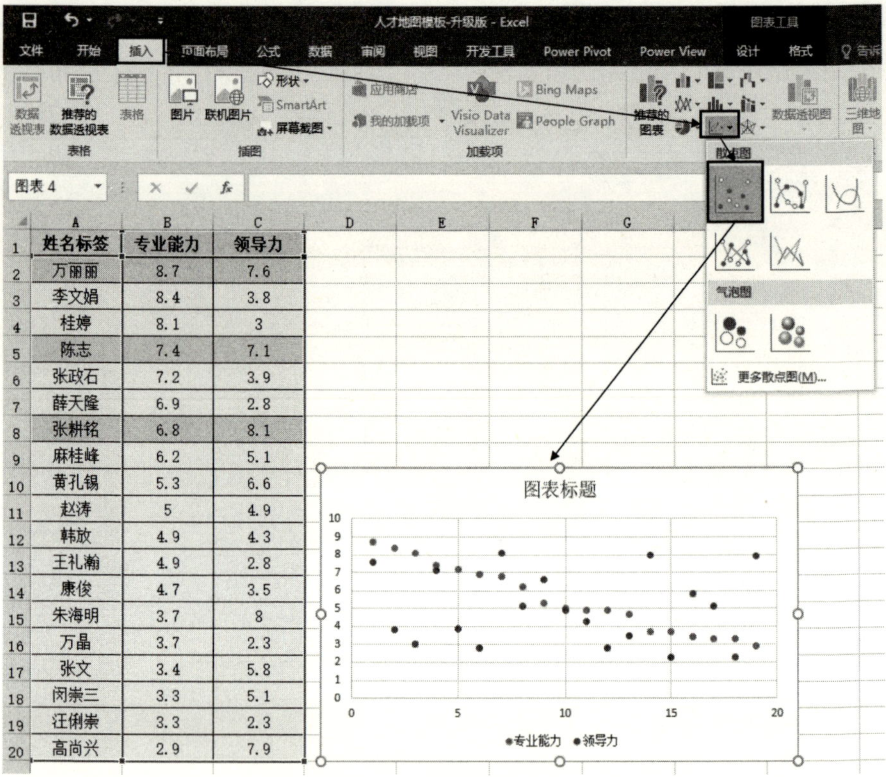

图 10–12　插入散点图

第二步，在散点图的图表区域点击右键，在弹出的菜单中选择“选择数据”，然后在弹出的对话框中分别选择“专业能力”“领导力”后点击“编辑”。

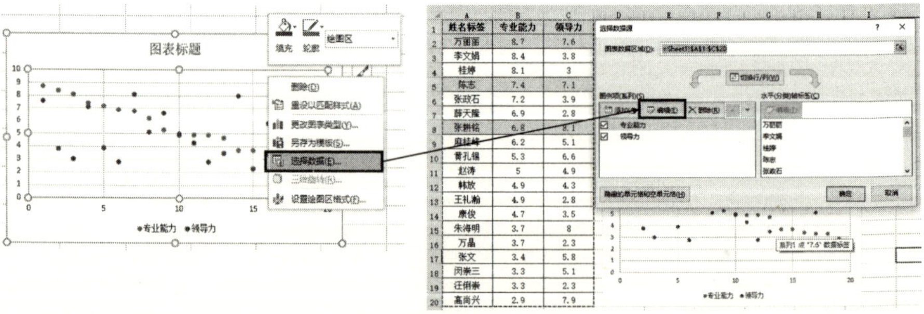

图 10–13　编辑数据

第三步，在弹出的对话框中，分别选择行、列数据源。在设置完这步之后，就可以看到员工的信息已经按照专业能力和领导力进行了分布，这就是人才盘点九宫格的雏形，但图中还缺少员工姓名信息，所以需要进行下一步操作。

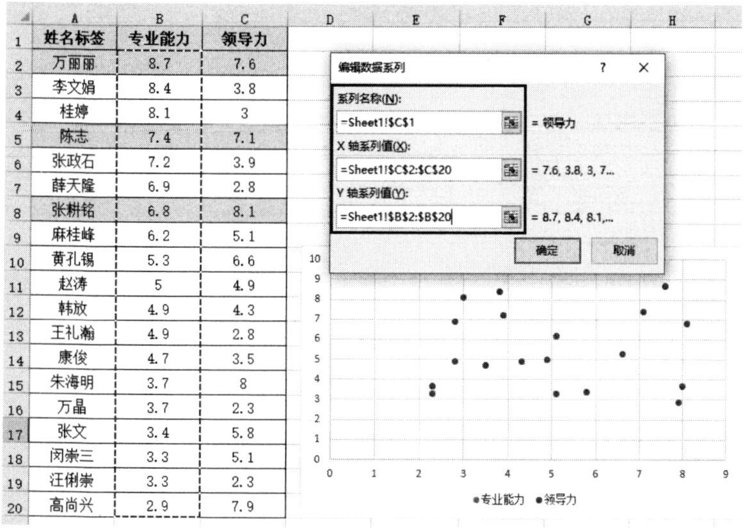

	A	B	C
1	姓名标签	专业能力	领导力
2	万丽丽	8.7	7.6
3	李文娟	8.4	3.8
4	桂婷	8.1	3
5	陈志	7.4	7.1
6	张政石	7.2	3.9
7	薛天隆	6.9	2.8
8	张耕铭	6.8	8.1
9	麻桂峰	6.2	5.1
10	黄孔锡	5.3	6.6
11	赵涛	5	4.9
12	韩放	4.9	4.3
13	王礼瀚	4.9	2.8
14	康俊	4.7	3.5
15	朱海明	3.7	8
16	万晶	3.7	2.3
17	张文	3.4	5.8
18	闵崇三	3.3	5.1
19	汪俐崇	3.3	2.3
20	高尚兴	2.9	7.9

图 10-14 编辑数据系列

第四步，选择图中的数据点序列，然后点击右键，在菜单中依次选择“添加数据标签”—“添加数据标注”，这时在 Excel 右侧会出现“设置数据标签格式”界面，点击“单元格中的值”，在对话框中选择员工姓名一列，然后取消 X 值和 Y 值，就发现员工姓名已经出现在数据点旁边了。

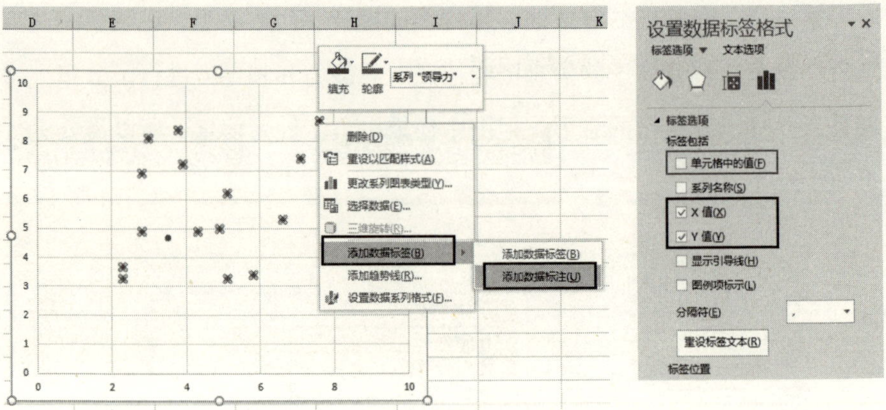

图 10-15　添加员工姓名标签

通过以上四步，就可以把人才盘点九宫格绘制出来了。如果感觉还不够美观，个人可以对姓名标签的样式进行调整，也可以通过添加“误差线”的方式增加九宫格的分隔线，这样看上去更像是九个格子，具体如图 10-8 所示。

Excel 的使用虽然方便，但是它只适合绘制一些数据量较小的图表，如果数据量大了，Excel 运行会非常缓慢，影响工作效率。这时，对于一些高级的图表设计，就需要借助专门的数据分析软件了。个人建议使用 Power BI。这是一款专业数据分析软件，它对 Excel 的整合能力非常强，界面也与 Office 家族类似，上手很快。图 10-16 就是使用 Power BI 绘制的可交互的能力分析图，也算是一个不完善的数据驾驶舱，它包含了折线图、饼图、堆积图等，可以根据数据源的调整实施更新，也可以根据选择的范围进行数据更新。限于篇幅，这里不展开介绍它的用法，感兴趣的读者可以自行学习一下。

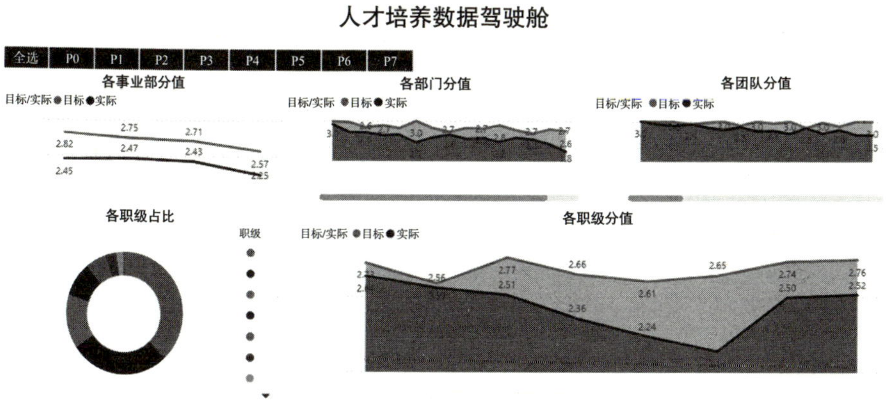

图 10-16　Power BI 交互图表示例

如果 Excel 画不出来，Power BI 又不会怎么办呢？还有一个办法，就是用 PPT 手绘。这个办法虽然显得很笨拙，但是它往往能够起到救急的作用，而且从呈现效果上来说也能够满足需求。关键在于，人力资源管理者能否构想出要呈现的初稿。这也进一步说明，可视化的工具只是辅助，核心是希望通过可视化表达什么，背后的逻辑和思路才是重要的，在工作中千万不要本末倒置。

图书在版编目(CIP)数据

人力资源量化管理从入门到精通：图表指引版 / 张鹏著. —北京：中国法制出版社，2022.6

（HR从入门到精通系列）

ISBN 978-7-5216-2621-6

Ⅰ. ①人…　Ⅱ. ①张…　Ⅲ. ①人力资源管理-图解 Ⅳ.①F243-64

中国版本图书馆CIP数据核字（2022）第058304号

责任编辑：马春芳　　封面设计：李　宁

人力资源量化管理从入门到精通：图表指引版

RENLI ZIYUAN LIANGHUA GUANLI CONG RUMEN DAO JINGTONG: TUBIAO ZHIYIN BAN

著者 / 张鹏

经销 / 新华书店

印刷 / 三河市国英印务有限公司

开本 / 710毫米×1000毫米　16开　　印张 / 16.5　字数 / 219千

版次 / 2022年6月第1版　　2022年6月第1次印刷

中国法制出版社出版

书号ISBN 978-7-5216-2621-6　　定价：58.00元

北京市西城区西便门西里甲16号西便门办公区

邮政编码：100053　　传真：010-63141600

网址：http://www.zgfzs.com　　**编辑部电话：010-63141822**

市场营销部电话：010-63141612　　**印务部电话：010-63141606**

（如有印装质量问题，请与本社印务部联系。）